Allgemeines Verwaltungsrecht

12., aktualisierte Auflage

Stand: September 2023

VON

Dr. Susanne Fürst
Univ.-Ass. Dr. Max Hofmann

LexisNexis®

Bibliografische Information der Deutschen Bibliothek
Die Deutsche Bibliothek verzeichnet diese Publikation in der Deutschen Nationalbibliografie; detaillierte bibliografische Daten sind im Internet über http://dnb.ddb.de abrufbar.

ISBN 978-3-7007-8560-6

LexisNexis Verlag ARD Orac GmbH & Co KG, Wien
www.lexisnexis.at
Wien 2023 • Best.-Nr. 84.052.012

Foto Fürst: Karin Hofbauer, 4182 Waxenberg
Foto Hofmann: privat

Druckerei: MDH Media GmbH, 1220 Wien

Inhaltsverzeichnis

Das Streben nach Klarheit und Lesbarkeit veranlasst uns dazu, im Text auf die gleichberechtigte Verwendung aller Geschlechter zu verzichten. Sämtliche personenbezogene Hauptwörter beziehen sich gleichermaßen auf die Entsprechungen anderer Geschlechter.

Abkürzungsverzeichnis

ABGB	Allgemeines bürgerliches Gesetzbuch
AbgEO	Abgabenexekutionsordnung
Abs	Absatz
AEUV	Vertrag über die Arbeitsweise der Europäischen Union (früher EGV)
AHG	Amtshaftungsgesetz
Art	Artikel
ASG	Arbeits- und Sozialgericht
ASVG	Allgemeines Sozialversicherungsgesetz
AuslBG	Ausländerbeschäftigungsgesetz
AVG	Allgemeines Verwaltungsverfahrensgesetz 1991
BDG	Beamten-Dienstrechtsgesetz 1979
BFA-VG	Bundesamt für Fremdenwesen und Asyl Verfahrensgesetz
BG	Bundesgesetz
BGBl	Bundesgesetzblatt
BH	Bezirkshauptmannschaft
BK	Bundeskanzler
BM	Bundesminister
BMG	Bundesministeriengesetz
BPräs	Bundespräsident
BReg	Bundesregierung
BStG	Bundesstraßengesetz 1971
BVB	Bezirksverwaltungsbehörde
B-VG	Bundes-Verfassungsgesetz
BVwGG	Bundesverwaltungsgerichtsgesetz
bzw	beziehungsweise
DSG	Datenschutzgesetz
DSGVO	Datenschutz-Grundverordnung (Verordnung (EU) 2016/679)
dh	das heißt
EGV	Vertrag zur Gründung der Europäischen Gemeinschaft (nunmehr AEUV)
EGVG	Einführungsgesetz zu den Verwaltungsverfahrensgesetzen 2008
EO	Exekutionsordnung
EuGH	Europäischer Gerichtshof
EUR	Euro
EUV	Vertrag über die Europäische Union
ff	und folgende
FSG	Führerscheingesetz
G	Gesetz
Gde ieWb	Gemeinde im eigenen Wirkungsbereich
Gde	Gemeinde
GewO	Gewerbeordnung 1994
GHöffR	Gerichtshof/-höfe des öffentlichen Rechts
GmbHG	Gesetz vom 6. März 1906 über Gesellschaften mit beschränkter Haftung
hL	herrschende Lehre
ieWb	im eigenen Wirkungsbereich
idF	in der Fassung

ieS	im engeren Sinn
insbes	insbesondere
iSd	im Sinne der/des
iSv	im Sinne von
iwS	im weiteren Sinn
iVm	in Verbindung mit
JN	Jurisdiktionsnorm
Jud	Judikatur
KFG	Kraftfahrgesetz 1967
LDG	Landeslehrer-Dienstrechtsgesetz 1984
leg cit	legis citatae (der zitierten Vorschrift)
LH	Landeshauptmann
LPD	Landespolizeidirektion
LRat	Landesrat
LReg	Landesregierung
NAG	Niederlassungs- und Aufenthaltsgesetz
ÖH	Österreichische Hochschülerschaft
OÖ	Oberösterreich(isch)
Oö LVwGG	Oberösterreichisches Landesverwaltungsgerichtsgesetz
Oö PolStG	Oberösterreichisches Polizeistrafgesetz 1979
Rsp	Rechtsprechung
s	siehe
sog	sogenannt
SPG	Sicherheitspolizeigesetz
StellenbesetzungsG	Stellenbesetzungsgesetz
StGB	Strafgesetzbuch
StGG	Staatsgrundgesetz
stRsp	ständige Rechtsprechung
StVO	Straßenverkehrsordnung 1960
UVS	Unabhängiger Verwaltungssenat
UWG	Bundesgesetz gegen den unlauteren Wettbewerb 1984
va	vor allem
VBG	Vertragsbedienstetengesetz 1948
VfGH	Verfassungsgerichtshof
vgl	vergleiche
VStG	Verwaltungsstrafgesetz 1991
VVG	Verwaltungsvollstreckungsgesetz 1991
VwG	Verwaltungsgericht
VwGH	Verwaltungsgerichtshof
VwGVG	Verwaltungsgerichtsverfahrensgesetz
VwSlg	Sammlung der Erkenntnisse und wichtigen Beschlüsse des Verwaltungsgerichtshofes

Wr	Wiener
WRG	Wasserrechtsgesetz 1959
Z	Ziffer
zB	zum Beispiel
ZPO	Zivilprozessordnung

Literaturübersicht

Adamovich/Funk/Holzinger/Frank, Österreichisches Staatsrecht, Band 4: Allgemeine Lehren des Verwaltungsrechts, 2. Aufl (2017)

Antoniolli/Koja, Allgemeines Verwaltungsrecht[3] (1996)

Hauer, Staats- und Verwaltungshandeln[5] (2017)

Kahl/Weber, Allgemeines Verwaltungsrecht[7] (2019)

Kneihs, Verfassungs- und Allgemeines Verwaltungsrecht[6] (2021)

Korinek/Holoubek, Grundlagen staatlicher Privatwirtschaftsverwaltung (1993)

Lenz/Borchardt (Hrsg), EU-Verträge Kommentar[6] (2012)

Öhlinger/Eberhard, Verfassungsrecht[13] (2022)

Raschauer, Allgemeines Verwaltungsrecht[6] (2021)

Stolzlechner/Bezemek, Einführung in das öffentliche Recht[8] (2023)

Erster Abschnitt: Grundbegriffe

A. Definition des Begriffs „Verwaltung"

Der Regelungsgegenstand des Verwaltungsrechts ist die hoheitliche Verwaltung. Für eine Definition der Verwaltung lässt sich bei der **Lehre von der Gewaltenteilung** ansetzen, wonach sie als eine der **drei Staatsfunktionen** von Gesetzgebung und Gerichtsbarkeit abzugrenzen ist. Die drei staatlichen Gewalten können jeweils als Tätigkeitskomplexe (im materiellen Sinn) oder als Gesamtheit von Organen (im organisatorischen Sinn) betrachtet werden. So versteht sich etwa als Gerichtsbarkeit die Tätigkeit der Rechtsprechung, also das Entscheiden über Parteienstreitigkeiten, in Strafrechtsangelegenheiten oder über Beschwerden, genauso aber die Gesamtheit der handelnden Organe, nämlich die Richter und deren Hilfsorgane.

I. Begriff der Verwaltung im materiellen Sinn

Anhand **materieller Kriterien** (Aufgabenbereich) lässt sich die Verwaltung nicht präzise definieren, weil ihre Aufgaben vielfältig sind, diese neu geschaffen werden oder wieder wegfallen können. Damit wäre die Staatsfunktion Verwaltung auch von der Gesetzgebung und der Rechtsprechung nicht scharf abgrenzbar. Gleichwenig taugt die **negative Definition** der Verwaltung als Tätigkeit außerhalb von Gerichtsbarkeit und Gesetzgebung: Fällt etwa die Erlassung ortspolizeilicher Verordnungen durch die Gemeinde gem Art 118 Abs 6 B-VG unter die Verwaltung oder die Gesetzgebung?

II. Begriff der Verwaltung im organisatorischen Sinn

Für eine Definition der Verwaltung ist es zielführender, bei der **Stellung des Organs** anzusetzen, um darüber auf die staatliche Funktion zu schließen. Nach dem Konzept des B-VG steht der Gesetzgebung die Gesetzesvollziehung gegenüber, diese zerfällt in Gerichtsbarkeit und Verwaltung. In Summe ergeben sich drei Staatsfunktionen, diese müssen zur Verhinderung von Missbrauch der Staatsmacht durch verschiedene Organe ausgeübt werden. Die Trennung der Staatsgewalten voneinander erfolgt somit sowohl in inhaltlicher als auch in organisatorischer Hinsicht.

Abzugrenzen sind die beiden Teilfunktionen der Vollziehung durch die besonderen Eigenschaften ihrer jeweiligen Organe: Die Gerichtsbarkeit ist die Vollziehung durch die mit den verfassungsgesetzlichen Garantien der Unabhängigkeit, Unabsetzbarkeit und Unversetzbarkeit ausgestatteten Organe (Richter); die **Verwaltung ist die Vollziehung durch Organe, die diese besonderen richterlichen Garantien nicht haben.**

Anknüpfend an die Definition der Verwaltung als staatliche Vollziehung außerhalb der Gerichtsbarkeit und an das verfassungsrechtlich vorgegebene System der Trias der Staatsteilgewalten, ist zunächst der funktionelle Gehalt von Gesetzgebung und Gerichtsbarkeit zu erörtern.

1. Staatsfunktion Gesetzgebung

Zur Gesetzgebung gehören die Tätigkeiten von Gesetzgebungsorganen des Bundes und der Länder (Nationalrat, Bundesrat, Landtage) sowie von deren Teilorganen (etwa Präsidenten, Ausschüsse, Schriftführer) und Hilfsorganen (Parlamentsdirektion).

Grundsätzlich sind *sämtliche Tätigkeiten dieser Organe* vom Gesetzgebungsbegriff umfasst. Neben der eigentlichen Aufgabe, *allgemein verbindliche Rechtsvorschriften* zu erlassen, gilt dies auch für damit in

Zusammenhang stehende Tätigkeiten, die für sich betrachtet eher als Verwaltung anmuten. Zur Gesetzgebung zählen daher etwa die Handhabung des Hausrechts im Parlament durch den Nationalratspräsidenten, die Tätigkeiten der Parlamentsdirektion wie die Führung von Sitzungsprotokollen durch Stenographen und Schriftführer oder das Vervielfältigen und Ordnen von Schriftstücken. Unerheblich ist, dass die für diese Tätigkeiten herangezogenen Bediensteten dabei in einem Weisungsverhältnis gegenüber dem Teilorgan stehen.

Die Tätigkeiten der *Volksanwaltschaft* und des *Rechnungshofes* werden der Gesetzgebung zugerechnet, obwohl sie keinerlei Aufgaben im Bereich der Erlassung von Normen haben. Beim Rechnungshof handelt es sich funktionell um ein Hilfsorgan des Nationalrats und der Landtage zur Kontrolle der Gebarung des Bundes, der Länder, der Gemeindeverbände, der Gemeinden und anderer durch Gesetz bestimmter Rechtsträger (Art 121 Abs 1 B-VG). Die Volksanwaltschaft und die entsprechenden Einrichtungen der Länder kontrollieren die gesamte Verwaltungstätigkeit des Bundes sowie der Länder und sind funktionell den Gesetzgebungsorganen zugeordnet (Art 148a bis 148j B-VG).

Beachte: Durchbrochen wird der Grundsatz, dass sämtliche von den Gesetzgebungsorganen verübten Tätigkeiten – unabhängig von ihrem materiellen Gehalt – zur Staatsfunktion Gesetzgebung zählen, von einigen Ausnahmen **echter Verwaltungstätigkeit** von Teil- und Hilfsorganen im Rahmen der Parlamentsverwaltung; zB die Zuständigkeit des Nationalratspräsidenten für die Personal- und Sachmittelverwaltung in der Parlamentsdirektion, bei welcher der Präsident als oberstes Verwaltungsorgan mit Weisungsbefugnis fungiert. Dasselbe gilt bei den Zuständigkeiten des Rechnungshofes und der Volksanwaltschaft für die Bereiche Personal und Sachmittel oder Angelegenheiten der Bezüge. Ein weiteres Beispiel ist die interimistische Ausübung der Funktion des Bundespräsidenten durch die drei Nationalratspräsidenten gem Art 64 B-VG.

2. Staatsfunktion Gerichtsbarkeit

Da die Bestimmung einer Staatsfunktion anhand der jeweiligen Organe und nicht durch den Inhalt der Tätigkeit erfolgt, definiert sich die Gerichtsbarkeit als **Vollziehung durch Organe der Gerichtsbarkeit** (die richterlichen Organe und deren Hilfsorgane). Nicht nur die Rechtsprechung im eigentlichen Sinn, also die Entscheidung in Parteistreitigkeiten, in Strafsachen oder über Beschwerden, sondern auch darüber hinausgehende Tätigkeiten (zB Weisungen an das Hilfspersonal) werden organisatorisch der Gerichtsbarkeit zugerechnet.

Richterliche Organe sind die *ernannten Richter* im Bereich der ordentlichen Gerichtsbarkeit (Art 86 B-VG) und der Verwaltungs- und Verfassungsgerichtsbarkeit, ausgestattet mit den richterlichen Garantien der Unabhängigkeit, Unversetzbarkeit und Unabsetzbarkeit; weiter die *Geschworenen*, die *Schöffen* (Art 91 B-VG) und sonstigen *Laienrichter*. **Hilfsorgane** sind die „besonders ausgebildeten nichtrichterlichen Bundesbediensteten“ (*Rechtspfleger*), das *gerichtliche Hilfspersonal* (Schriftführer, Kanzleikräfte) sowie nach Umständen die *Exekutivorgane*, etwa wenn sie aufgrund eines richterlichen Befehls eine Hausdurchsuchung vornehmen.

Beachte: Auch im Bereich der Gerichtsbarkeit gibt es der Verwaltung zugehörige Handlungen, die das Funktionieren der Gerichtsbarkeit sicherstellen (Personalverwaltung bezüglich Laienrichter und Rechtspraktikanten, Gebäude- und Sachmittelverwaltung, Vorschreibung von Gerichtsgebühren). Diese Aufgaben fallen unter die sog *Justizverwaltung*. Werden die Justizverwaltungssachen monokratisch durch Einzelrichter und deren Hilfsorgane besorgt, sind diese als weisungsgebundene Organe tätig und nicht in Ausübung ihres richterlichen Amtes. Werden Aufgaben der Justizverwaltung durch aus richterlichen Organwaltern gebildete Kollegialorgane besorgt, so bleiben es Angelegenheiten der Gerichtsbarkeit (Art 87 Abs 2 B-VG).

Die bei den **Verwaltungsgerichten tätigen Mitglieder** sind gem Art 134 Abs 7 B-VG *vollwertige Richter*, sie genießen demnach die besonderen richterlichen Garantien der Unabhängigkeit, Unabsetzbarkeit und Unversetzbarkeit. Ferner besteht wie in der ordentlichen Gerichtsbarkeit eine feste Geschäftsverteilung. Durch die Einrichtung der Verwaltungsgerichte für Rechtsmittelverfahren gegen verwaltungsbehördliche Akte ist es zu einem Wechsel der Staatsfunktion gekommen. Während die vormaligen Unabhängigen Verwaltungssenate („UVS“) und sämtliche anderen Berufungsinstanzen innerhalb der Staatsfunktion Verwaltung agierten, zählen die Verwaltungsgerichte zur Gerichtsbarkeit. Da die Richter der Landesverwaltungsgerichte Landesbedienstete sind, haben seit der Verwaltungsgerichtsbarkeits-Novelle 2012 auch die Länder erstmals Anteil an der Staatsfunktion Gerichtsbarkeit. In diesem Sinne lautet Art 82 B-VG nunmehr: „Die ordentliche Gerichtsbarkeit geht vom Bund aus.“ (vormals: „Alle Gerichtsbarkeit geht vom Bund aus“).

3. Staatsfunktion Verwaltung

Im Konzept der österreichischen Bundesverfassung muss jede Staatstätigkeit einer Staatsfunktion zugeordnet werden. Nach der vorgenommenen Definition der Aufgabenbereiche von Gesetzgebung und Gerichtsbarkeit lässt sich sagen, dass die Verwaltung die Summe der *restlichen Tätigkeiten des Staates* ist. Diese negative Begriffsbestimmung der Verwaltung lässt sich durch **positive – organisationsrechtliche – Gesichtspunkte** ergänzen:

a. Weisungsgebundenheit

Der Verwaltungsbegriff kann positiv umschrieben werden, indem man der richterlichen Unabhängigkeit den *Weisungszusammenhang* als verwaltungstypologisches Organisationsmerkmal gegenüberstellt. Die Einbettung sämtlicher Verwaltungsorgane in die Hierarchie gem Art 20 B-VG, wonach ein Organ gegenüber dem vorgesetzten Organ Weisungsempfänger und gegenüber dem unterstellten Organ Weisungsgeber ist, ermöglicht die Definition der Verwaltung als *Tätigkeitsbereich weisungsgebundener Staatsorgane.*

Beachte: Der weisungsbezogene Verwaltungsbegriff ist allerdings mangelhaft, zum einen weil die obersten Verwaltungsorgane zwingend weisungsfrei sind, zum anderen weil gewisse Tätigkeiten aus der staatlichen Verwaltungshierarchie ausgeklammert sind (Selbstverwaltung der Gemeinden, Kammern oder Behörden iSd Art 20 Abs 2 B-VG wie zB der Rechtsschutzbeauftragte oder die Gleichbehandlungskommission), die gleichermaßen zur Verwaltung gehören. Weiters liegt die Schwäche dieser Definition darin, dass die Weisungsgebundenheit des Verwaltungsorgans erst eine Rechtsfolge der Einstufung seiner Tätigkeit als Verwaltung ist. Es bedarf daher zur Einstufung als Verwaltung anderer Abgrenzungskriterien neben dem Weisungsprinzip.

b. Typische Organe

Die Verwaltung umfasst eine *Vielzahl von Trägern*, die zusammen – im Gegensatz zur Konzentration auf wenige Organausformungen in der Gerichtsbarkeit und Gesetzgebung – als *ein vielfach gegliederter*

Organisationskomplex in Erscheinung treten. Von diesem Begriffsverständnis geht Art 20 Abs 1 B-VG aus, der bestimmt, dass gewisse Organe unter der Leitung oberster Organe „die Verwaltung" führen.

Charakteristisch für die Verwaltung ist die Aufgabenbesorgung durch folgende **Organe**:

- die *obersten Organe des Bundes* (BPräs, BReg, BM),
- die *obersten Organe der Länder* (LReg, LH und übrige Mitglieder der LReg, soweit sie mit der selbständigen Führung von obersten Verwaltungsagenden der Länder betraut sind),
- die *Organe der Selbstverwaltung* (Gemeinden, Gemeindeverbände und ihre nachgeordneten Dienststellen, Kammern und andere juristische Personen des öffentlichen Rechts, soweit sie über hoheitliche Befugnisse verfügen),
- die Angehörigen des *Bundesheeres* (Berufssoldaten, Bedienstete, Milizsoldaten im Dienst, Präsenzdiener),
- die *weisungsfreien Verwaltungsbehörden* (zB die Gleichbehandlungskommission gem Art 20 Abs 2 Z 3 B-VG),
- die *Beliehenen*, also natürliche und juristische Personen des Privatrechts, die mit der Besorgung hoheitlicher Aufgaben betraut werden (zB die Tätigkeit der Oesterreichische Nationalbank AG aufgrund des DevisenG).

Beachte: Werden andere natürliche oder juristische Personen (des öffentlichen Rechts oder Privatrechts) als die Gebietskörperschaften privatrechtlich – erwerbswirtschaftlich – tätig, zählt dies nach hM *nicht zur Verwaltung*, selbst wenn zB das agierende Unternehmen zur Gänze im Eigentum des Bundes steht. Hingegen zählt das hoheitliche Handeln solcher Personen stets zur Verwaltung, weil sämtliche Erscheinungsformen des *imperiums* sich auf eine Verleihung durch den Staat berufen können.

Der Begriff der Verwaltung lässt sich mit einem **organisatorischen Ansatzpunkt** genauer bestimmen als mit einem materiellrechtlichen Ansatzpunkt. Die Qualifikation als Verwaltung erfolgt dabei über die Stellung des Organs, anhand dessen grundsätzlich alle Handlungen dieses Organs der jeweiligen Staatsteilgewalt zugeordnet werden.

Daher stellt zB die Erlassung von Verordnungen durch die Verwaltungsbehörden (zB ortspolizeiliche Verordnungen der Gemeinde, Durchführungsverordnungen eines BM) einen Akt der Verwaltung dar, auch wenn die Erlassung allgemein verbindlicher Rechtsvorschriften materiell betrachtet der Gesetzgebung zuzurechnen wäre. Dasselbe gilt für die Erlassung von Geschäftsordnungen durch den VfGH und den VwGH, die trotz genereller Normenqualität als Akte der Gerichtsbarkeit gelten. Weiters bringt die Anknüpfung an das handelnde Organ etwa mit sich, dass das Entschließungsrecht des Nationalrates und Bundesrates, welches Angelegenheiten der Regierung bzw der Verwaltung zum Gegenstand hat, Gesetzgebungstätigkeit ist. Abschließend lässt sich aufgrund der negativen organisatorischen Abgrenzung und der Berücksichtigung positiver Kriterien folgende weitere Definition, die zumindest den *Großteil der Verwaltung charakterisiert*, herausfiltern:

Verwaltung ist die Vollziehung durch staatliche Organe außerhalb der Gerichtsbarkeit, die in einen *Weisungszusammenhang* eingebunden sind, die – im Falle der Selbstverwaltung – unter *staatlicher Aufsicht* stehen, oder durch Organe, denen hoheitliche Befugnisse übertragen wurden *(Beliehene)*.

B. Verwaltungsrecht

Aufbauend auf dem Begriff der Verwaltung als Vollziehung außerhalb der Gerichtsbarkeit lässt sich das Verwaltungsrecht als die **Gesamtheit jener Rechtsvorschriften** definieren, welche die **Verwaltung regeln und die von Verwaltungsorganen zu vollziehen** sind. Aufgrund des geringen Aussagewertes dieser Definition ist auch hier eine eingehendere Betrachtung geboten.

I. Gliederung in materielles und formelles Verwaltungsrecht

1. Materielles Verwaltungsrecht

Zwei Arten von Regelungen sind bei jedem Rechtsbereich zu unterscheiden: die materielle und die formelle Seite. Das materielle Recht regelt einerseits die *Verhaltenspflichten in Form von Ge- und Verboten für die Rechtsunterworfenen*, andererseits die *inhaltlichen Entscheidungsdeterminanten für die Verwaltungsorgane*.

Zum materiellen Verwaltungsrecht werden nach klassischer Einteilung das

- **allgemeine Verwaltungsrecht** (die für sämtliche Bereiche des Verwaltungsrechtes relevanten Rechtsquellen, Regelungen der Behördenorganisation, Handlungsformen der Verwaltung, Ermessen und Gebundenheit, Rechtsschutz etc) und das
- **besondere Verwaltungsrecht** (Regelungen der einzelnen Rechtsgebiete wie das Gewerberecht, Wasserrecht, Sicherheitspolizeirecht, Vereinsrecht, Telekommunikationsrecht oder Abfallwirtschaftsrecht) gezählt.

2. Formelles Verwaltungsrecht

Das formelle Verwaltungsrecht umfasst:

- das **Organisationsrecht** (Regelungen über die Einrichtung von Organen und ihre Kompetenzen; umfassende organisationsrechtliche Normenkomplexe sind zB das BundesministerienG, das UniversitätsG);
- das **Verfahrensrecht**, welches die Vorgangsweise der Behörden bei der Vollziehung festlegt. Hier sind insbes die geschlossenen Verfahrensgesetze wie EGVG, AVG, VStG und VVG zu nennen. Zusätzlich gibt es einzelne besondere Verfahrensbestimmungen in den Materiengesetzen verstreut (zB nennt das IV. Hauptstück der GewO 1994 „Behörden und Verfahren“, in dem zunächst ab § 333 organisationsrechtliche Regelungen und anschließend ab § 339 Verfahrensbestimmungen enthalten sind).

Beispiel: § 74 Abs 2 GewO 1994 zählt die Voraussetzungen auf, bei deren Vorliegen eine Betriebsanlagengenehmigung eingeholt werden muss. Der Rechtsunterworfene entnimmt daraus die Verhaltenspflicht, dass er bei einer möglichen Erfüllung der in Z 1 bis 5 angegebenen Kriterien (ua Lebens- oder Gesundheitsgefährdung, Geruchs- oder Lärmbelästigung der Nachbarn durch seine Betriebsanlage) einen Genehmigungsantrag zu stellen hat. Die Behörde wiederum ist aufgrund § 74 Abs 2 leg cit verpflichtet, die Eignung der Betriebsanlage zur Erfüllung der Kriterien im Verfahren zu überprüfen und das Ergebnis der Entscheidung über die Genehmigung der Betriebsanlage zugrunde zu legen. Bei dieser Bestimmung handelt es sich somit um typisches *materielles Verwaltungsrecht*.

Hingegen stellen die §§ 353 ff GewO 1994 spezifische Verfahrensbestimmungen zum Betriebsanlagengenehmigungsverfahren und damit *formelles Verwaltungsrecht* dar, weil sie die formale

Vorgangsweise der Behörde im Betriebsanlagenverfahren regeln; zB den Ablauf der Anberaumung einer Augenscheinverhandlung gem § 356 Abs 1 leg cit, in der die inhaltlichen Kriterien erörtert werden.

II. Gliederung in öffentliches und privates Recht

Für die Einteilung des Rechts in öffentliches und privates Recht haben sich verschiedene Theorien herausgebildet. Im Wesentlichen kann zwischen der Subjektionstheorie (auch: Subordinationstheorie), der Subjekttheorie und der Interessentheorie unterschieden werden: Die **Subjektionstheorie** unterscheidet danach, ob das Rechtsverhältnis gegenüber einem *Träger hoheitlicher Gewalt* besteht, der aufgrund seines *imperiums* in übergeordneter Funktion tätig wird (Über-/Unterordnungsverhältnis), oder ob sich zwei Personen *als Träger privaten Rechts* gegenüberstehen (Gleichordnungsverhältnis). Nach der Subjekttheorie liegt ein öffentlich-rechtliches Rechtsverhältnis vor, wenn eine Vorschrift ausschließlich Hoheitsträger berechtigt und/oder verpflichtet. Die **Interessentheorie** fragt indessen danach, ob der Normzweck im *öffentlichen Interesse* steht oder dem *Interesse Einzelner* dient. Diese Abgrenzungsmerkmale fallen in der rechtlichen Natur einer Handlungsform zusammen.

Beispiel: Um ein Haus zu bauen, kauft sich eine Person ein Grundstück, beantragt die Erteilung der Baubewilligung und beauftragt ein Bauunternehmen, den Bau zu errichten. Ob bei diesem Sachverhalt öffentliches oder privates Recht angewendet wird, richtet sich nach den folgenden Kriterien:

- Der Grundstückskauf erfolgt durch einen *privatrechtlichen Kaufvertrag* nach den Regeln des ABGB von einem gleichberechtigten Vertragspartner, sei es, dass es sich dabei um eine natürliche oder juristische Person handelt; selbst wenn eine Gebietskörperschaft der Partner ist, bleibt es ein zivilrechtliches Rechtsgeschäft, weil diese nicht in Ausübung von *imperium* handelt, sondern gleichfalls nur in Ausübung privater Rechte. Der Kaufvertrag dient dem Austausch der Interessen der beiden Vertragspartner.
- Die erforderliche Bewilligungen müssen von der zuständigen Verwaltungsbehörde eingeholt werden, die bei Erteilung oder Verweigerung ihre spezifischen *hoheitlichen Befugnisse* ausübt. Es liegt keine Gleichrangigkeit der beiden Teile vor und es wird keine Willensübereinstimmung gesucht, sondern die Behörde erlässt einen einseitigen, hoheitlichen (öffentlich-rechtlichen) Akt, nämlich einen Bescheid; Zweck der Bewilligungsbedürftigkeit liegt in der Wahrnehmung öffentlicher Interessen.
- Die Beauftragung eines Unternehmens mit der Errichtung eines Bauwerks erfolgt durch Abschluss eines *privatrechtlichen Werkvertrages* durch Willensübereinstimmung im ausschließlich privaten Interesse.

Die meisten Angelegenheiten lassen sich aufgrund dieser Kriterien eindeutig dem öffentlichen oder dem privaten Recht zuordnen. Unmittelbare Rechtsfolge dieser Einteilung ist die **Zuständigkeit** entweder der *Verwaltungsbehörden* bei öffentlich-rechtlichen oder der *Gerichte* bei den zivilrechtlichen Angelegenheiten im Streitfall (vgl § 1 JN, der den Gerichten die generelle Zuständigkeit für bürgerliche Rechtssachen zuspricht, sofern gesetzlich kein anderes Organ betraut wird). Sonderfälle des öffentlichen Rechts sind das Strafrecht mit dem Strafprozessrecht und das Zivilprozessrecht. Das Strafrecht dient der Durchsetzung des Strafanspruchs des Staates und wird wie das Straf- und Zivilverfahrensrecht trotz Zugehörigkeit zum öffentlichen Recht von den Gerichten vollzogen. Das Problem der Abgrenzung in weniger eindeutigen, strittigen Fällen rückt aufgrund der regelmäßig im Gesetz ausdrücklich vorgesehenen *Zuständigkeitsregelungen* in den Hintergrund.

Das Verständnis vom Verwaltungsrecht als das von den Verwaltungsorganen anzuwendende Recht (**Verwaltungsvorschriften**) erweist sich aber teilweise als ungenau, wenn Verwaltungsbehörden kraft gesetzlicher Anordnung zuweilen auch privatrechtliche (zB ABGB) oder verfassungsrechtliche Vorschriften zu vollziehen haben. Dies erfordert eine engere Abgrenzung.

III. Umfang des Verwaltungsrechts

1. Hoheitlich zu vollziehendes Verwaltungsrecht

Zur Gruppe des Verwaltungsrechts zählen jedenfalls diejenigen Normen, welche die Organisation der Behörden und die Verfahrensabläufe für das behördliche Verhalten festlegen (**formelles Verwaltungsrecht**); weiters diejenigen materiell-rechtlichen Regelungen, welche die Verwaltungsorganisation für zuständig erklären und eine **hoheitliche Vollziehung** vorsehen, also die durch Verordnungen, Bescheide, Weisungen oder Befehls- und Zwangsgewalt umgesetzt werden.

Beachte: Ausnahmsweise liegt im Rahmen der Hoheitsverwaltung privates Recht als Grundlage vor, wenn einerseits die Verwaltungsbehörde über *privatrechtliche Einwendungen* abzusprechen oder *privates Recht anzuwenden* hat (zB hat die Behörde im Strafverfahren wegen einer Verwaltungsübertretung gem § 100 Abs 6 StVO iVm § 57 Abs 1 VStG auch über privatrechtliche Ansprüche des Straßenerhalters abzusprechen). Traditionell werden die in diesen Fällen von den Behörden anzuwenden Normen trotz ihres teilweise privatrechtlichen Charakters zum Verwaltungsrecht gezählt.

Andererseits sind hier die Fälle der **sukzessiven Kompetenz** wie im Enteignungsverfahren bei der Festsetzung der Entschädigung zu nennen. Hier entscheidet zunächst die Verwaltungsbehörde im Enteignungsbescheid über die Höhe der Entschädigung und damit über eine zivilrechtliche Frage. Sodann muss sich der Bescheidadressat – anstatt einer Beschwerde gegen die Entscheidung an das Verwaltungsgericht (wie bei der Frage der Notwendigkeit, des Gegenstandes und des Umfangs der Enteignung) – an das zuständige ordentliche Gericht wenden (§ 20 Abs 2 und 3 BundesstraßenG). Dadurch tritt die verwaltungsbehördliche Entscheidung außer Kraft und das Gericht hat in der Sache neu zu entscheiden.

Ein weiteres Beispiel für die sukzessive Zuständigkeit: Möchte jemand einen Pensionsbescheid bekämpfen, so hat er anstelle einer Bescheidbeschwerde eine Klage beim Arbeits- und Sozialgericht (ASG) zu erheben. Dadurch tritt der Pensionsbescheid ex lege außer Kraft und das ASG hat in der Sache neu zu entscheiden.

Seit der Verwaltungsgerichtsbarkeits-Novelle 2012 gibt es mit Art 94 Abs 2 B-VG eine eigene **verfassungsrechtliche Grundlage** für Instanzenzüge von einer Verwaltungsbehörde zu einem ordentlichen Gericht. Es wird damit der Grundsatz des Art 94 Abs 1 B-VG durchbrochen, wonach die Justiz von der Verwaltung in allen Instanzen getrennt ist. Die Ausnahme des Abs 2 leg cit ermächtigt den einfachen Gesetzgeber, in *„einzelnen Angelegenheiten"* ausdrücklich einen solchen Instanzenzug von der Verwaltungsbehörde zu einem ordentlichen Gericht vorzusehen. Im Unterschied zur alten Rechtslage ist es für die verfassungskonforme Ausgestaltung des Rechtsschutzes nicht mehr erforderlich, dass der angefochtene Bescheid mit Anrufung des ordentlichen Gerichts außer Kraft tritt. Art 94 Abs 2 B-VG ermöglicht einen „echten" Instanzenzug: Das ordentliche Gericht kann aufgrund Art 94 Abs 2 B-VG nunmehr den bekämpften Verwaltungsakt überprüfen. Abseits dieser Rechtsschutzkonstruktion werden verwaltungsbehördliche Entscheidungen nicht durch ordentliche Gerichte, sondern durch die Verwaltungsgerichte überprüft.

2. Privatwirtschaftlich zu vollziehendes Verwaltungsrecht

Größere Probleme bringt die Einordnung der nichthoheitlich, also **privatwirtschaftlich zu vollziehenden Normen**. Gebietskörperschaften sind auch Träger von Privatrechten. Wo ihre Organe privatrechtsförmig handeln, spricht man von „Privatwirtschaftsverwaltung". Zu unterscheiden sind hier das eigens für die Privatwirtschaftsverwaltung der Verwaltungsorgane geschaffene *Sonderrecht* (Verwaltungsprivatrecht, Statutargesetze) und die *sonstigen privatrechtlichen Normen* (insbes des ABGB), die auch den Rechtsverkehr der Privaten untereinander regeln.

Eine generelle Unterordnung all dieser privatrechtlichen Normen unter das Verwaltungsrecht wäre unsinnig. Vom Begriff des Verwaltungsrechts auszuscheiden sind daher die Regelungen des ABGB, die va bei den rein *erwerbswirtschaftlichen Geschäften* des Staates und nicht bei der Erfüllung von typisch staatlichen Aufgaben Anwendung finden; zB bei einem Grundstückskauf durch eine Gemeinde. Die Verwaltung handelt in diesem Fall aufgrund allgemeiner privatrechtlicher Vorschriften.

Demgegenüber bestehen teilweise besondere Vorschriften für privatrechtsförmiges Handeln der Verwaltung, wenn dieses in engem Zusammenhang mit der Erfüllung einer **öffentlichen Aufgabe** steht, etwa die Errichtung und Erhaltung von Straßen oder die Vergabe von Förderungen für den Wohnbau oder den Sport. Das (privatwirtschaftliche) Verwaltungshandeln wird damit über das allgemeine Privatrecht hinaus determiniert. Derartige Sondervorschriften, die also auf die privatwirtschaftliche Erfüllung öffentlicher Aufgaben durch die Verwaltung zielen, fallen regelmäßig unter den Verwaltungsrechtsbegriff.

Beachte: Anders *Antoniolli/Koja*, die nur die Bestimmungen, die hoheitlich zu vollziehen sind, unter das Verwaltungsrecht subsumieren. Das Herausfallen der Normen, die eine privatwirtschaftliche Vollziehung vorsehen, begründen sie trotz Erfüllung einer öffentlichen Aufgabe mit der Zuständigkeit der Gerichte für Streitigkeiten aus den Verträgen. Auch dies verdeutlicht, dass es eine Vielzahl von Definitionen des Verwaltungsrechtsbegriffs gibt.

Zusammenfassend fallen nach dieser Gliederung somit unter den **Verwaltungsrechtsbegriff**:

- das Organisations- und Verfahrensrecht,
- sämtliche Rechtsvorschriften, die hoheitlich von Verwaltungsbehörden zu vollziehen sind und von der Hoheitsverwaltung handeln, und
- das Verwaltungsprivatrecht sowie die Statutargesetze (s 6. Abschnitt, C.I.).

Aus diesem Begriff folgt, dass zum Verwaltungsrecht *nicht nur öffentliches Recht* gehört, sondern aufgrund ihres Zusammenhangs mit der Erfüllung öffentlicher Aufgaben auch einzelne Regelungen *privatrechtlichen Inhalts*, unabhängig davon, ob sie hoheitlich oder privatwirtschaftlich zu vollziehen sind.

IV. Das von der Verwaltung geschaffene Recht

Zum Verwaltungsrecht zählen neben gesetzlichen Rechtsvorschriften über die Organisation, das Verfahren oder die Aufgabenerfüllung durch Behörden auch die von den Verwaltungsorganen selbst erlassenen **Verordnungen** gem Art 18 Abs 2 B-VG und selbständigen Verordnungen nach spezifischen verfassungsrechtlichen Ermächtigungen zum Verwaltungsrecht (s 5. Abschnitt, B.I.–III.).

C. Die Verwaltungswissenschaften

Die Verwaltungswissenschaft, die sich dem Phänomen der Verwaltung gesamthaft widmet, gliedert sich in die Verwaltungsrechtslehre, die Verwaltungslehre und die Verwaltungspolitik(wissenschaft).

I. Verwaltungsrechtslehre

Die Verwaltungsrechtswissenschaft befasst sich nicht mit der Verwaltung schlechthin, sondern mit dem **Recht der Verwaltung.** Diese Disziplin fragt sich, wie vom Standpunkt des Rechts aus verwaltet werden *soll.* Auf der Grundlage des positiven Verwaltungsrechts wird nach dem rechtlichen Sollen, Können und Dürfen gefragt. Da das Erkenntnisobjekt der Verwaltungsrechtslehre das Verwaltungsrecht ist, muss sich diese Disziplin der **juristischen und normativen Methode** bedienen. Anhand von Rechtsvorschriften soll auf diesem Weg der Wille der rechtsetzenden Autorität (des Gesetzgebers bei Gesetzen, der Verwaltungsbehörde bei Verordnungen) ermittelt und beschrieben werden. Ziel der Verwaltungsrechtslehre kann zum einen sein, das Verwaltungsrecht oder Teile davon nach inneren Sachbezügen zu erforschen und die dabei gewonnenen Resultate nach Ordnungsgesichtspunkten zu systematisieren (*abstrakt-dogmatisches Denken*). Zum anderen kann aber auch die Lösung konkreter verwaltungsrechtlicher Probleme und Fälle das Ziel bilden, sodass hier von einem *konkret-dogmatischen Anliegen* gesprochen wird.

Im Vordergrund steht die Begriffsbestimmung nur anhand rechtlicher Merkmale, das heißt die Interpretation des Wortsinns einer Vorschrift und ihres Verhältnisses zu anderen Rechtvorschriften. Soziologische, historische oder politologische Gesichtspunkte dürfen für die Ermittlung des Normgehalts grundsätzlich nicht herangezogen werden. Allerdings können diese über die übrigen Interpretationsmethoden in die Begriffsbestimmung einfließen. So wird bei der objektiv-entstehungszeitlichen Interpretation der historische Zusammenhang betrachtet, bei der teleologischen Interpretation der in den Vorschriften oder in den dazugehörigen Materialien erkennbar zum Ausdruck kommende Zweck der Regelung. Die Interpretation ist durch den äußerst möglichen Wortsinn einer Rechtsvorschrift begrenzt.

II. Verwaltungslehre

Die rechtswissenschaftliche Untersuchung der Verwaltung beleuchtet nur eine – die rechtliche – Seite des Phänomens Verwaltung. Ergänzend dazu bedarf es einer mehr auf die tatsächlichen Gegebenheiten abstellende Betrachtungsweise. Diesen Zweck erfüllt die Verwaltungslehre, welche das **tatsächliche Verwaltungsgeschehen als gesellschaftliches Phänomen** untersucht. Dabei wird die Verwaltung einer umfassenden, auf geschichtliche Anschauung, theoretisches Denken und praktische Erfahrungen gestützten Untersuchung unterzogen.

Der Gegenstand der Verwaltung ist demzufolge ein sehr weiter: Umfasst sind die Organisation, Aufgaben und Vorgangsweisen, soziale Strukturen und Funktionen der Verwaltung, ihre Mittel (in finanzieller, personeller und sachlicher Hinsicht) sowie ihre Handlungen und Ziele. Im Mittelpunkt stehen das Verhalten der staatlichen Organe, ihre Sozialbeziehungen untereinander und nach außen. Untersuchungsobjekte sind auch der Kosten-Nutzen-Effekt der Verwaltung, die historische Entwicklung und der Vergleich der Verwaltungssysteme verschiedener Staaten und Institutionen.

III. Verwaltungspolitik

Die Verwaltungspolitik hat bestimmte Ziele und Ideale vor Augen und sie untersucht die Frage, wie die **Verwaltung in rechtlicher und faktischer Hinsicht beschaffen sein soll**, um diesen Zielvorstellungen zu entsprechen. Die Verwaltung wird hier also aus dem Blickwinkel bestimmter politischer, wirtschaftlicher oder kultureller Ziele betrachtet und es werden geeignete Mittel und Wege zur Realisierung dieser Ziele gesucht. Ziel ist eine laufende *Verbesserung der Leistungsfähigkeit der Verwaltung* und ihrer einzelnen Teilbereiche. Die vielfach diskutierte Verwaltungsreform und damit einhergehende Vorschläge zur Steigerung der Effizienz der Verwaltung, der Entbürokratisierung und der Kostensenkung fallen in den Bereich der Verwaltungspolitik.

Beispiel: Konkret können sich hier folgende Fragen stellen: Wie sollen die Krankenanstalten organisiert sein, um einerseits sämtlichen Patienten eine optimale Krankenversorgung zu bieten und andererseits eine möglichst kostengünstige Organisation des Spitalswesen zu verwirklichen. Um motivierte und engagierte öffentliche Bedienstete zu haben, kann überlegt werden, ob nicht eine leistungsgerechte Bezahlung die Motivation nachhaltiger steigert als eine Bezahlung rein nach dem Dienstalter.

Die per 1. 1. 2014 in Kraft getretene **Verwaltungsgerichtsbarkeitsreform** war tiefgreifend. Mit der Reform wurde eine ganze Reihe von Sonderverwaltungsbehörden abgeschafft, deren Aufgaben nun gänzlich von den Verwaltungsgerichten übernommen wurden. Es kam daher zu einer „Flurbereinigung"; ausdrückliche Ziele der Reform waren die Schaffung einer übersichtlicheren Struktur des Rechtsschutzes und damit auch einer Beschleunigung der Verfahren.

Die **Verwaltungsrechtspolitik** bildet einen Teil der Verwaltungspolitik und wendet sich hauptsächlich an den Gesetzgeber. Finden sich in der Verwaltung organisatorische Mängel, die ihre Ursachen in rechtlichen Regelungen haben, so sollen geeignete rechtliche Veränderungen eine Verbesserung bringen.

Zweiter Abschnitt: Die Organisation der österreichischen Verwaltung

A. Grundbegriffe des Organisationsrechts

Die Aufgabe des Organisationsrechts ist die Einrichtung der Rechtsträger, der Verwaltungsorgane und die Festlegung ihrer Zuständigkeiten. Der Staat wird durch seine Organe handlungsfähig, in seiner organisatorischen Erscheinungsform tritt er den Rechtsunterworfenen gegenüber (zB als Finanzamt oder Gewerbebehörde). Eine Annäherung an das vielfältige Erscheinungsbild der Verwaltung erfordert zunächst die Klärung einiger Begriffe.

I. Rechtsträger – Organisationsgewalt

Als Rechtsträger bezeichnet Art 23 B-VG juristische Personen des öffentlichen Rechts mit einem eigenen (autonomen) Wirkungsbereich. Zu den (verfassungs-)gesetzlich eingerichteten **Rechtsträgern** zählen neben den *Gebietskörperschaften Bund, Länder und Gemeinden* auch *Gemeindeverbände*, weiters die *Selbstverwaltungskörper* (zB Kammern) und sonstige *juristische Personen des öffentlichen Rechts* (zB Sozialversicherungsträger), die hoheitliche Befugnisse haben. Die Rechtsträger sind die Dienstherren ihrer Beamten, deren rechtlich relevante Handlungen werden dem Rechtsträger zugerechnet. Je nach Rechtsträger unterscheiden sich die Behörden daher in Bundes- und Landesbehörden, in Behörden der Gemeinden und anderer Selbstverwaltungskörper sowie in Behörden sonstiger juristischer Personen des öffentlichen Rechts.

Die Regelungskompetenz eines Rechtsträgers umfasst auch die Festlegung einer *inneren Ordnung*, womit sie Verwaltungsorgane einrichten, deren Kompetenzen regeln und ihnen Sachmittel und Personal bereitstellen **(Organisationsgewalt)**. Die Ausübung der Organisationsgewalt durch die Rechtsträger wird beschränkt durch verfassungsrechtliche Grundsätze der Verwaltungsorganisation, insbes in *bundesstaatlicher Hinsicht*, aber auch durch einfachgesetzliche Regelungen.

Beachte:

- Die **Zuständigkeit des Bundes** zur „Einrichtung der Bundesbehörden und sonstigen Bundesämter" wird in Art 10 Abs 1 Z 16 B-VG festgelegt.
- Die **Organisationsgewalt der Länder** ergibt sich aus der Generalklausel des Art 15 Abs 1 B-VG, unterliegt aber einer Reihe von Beschränkungen durch weitere verfassungsrechtliche Bestimmungen. Aufgrund des Art 101 Abs 1 B-VG ist zB die LReg als oberstes Verwaltungsorgan des Landes für die obersten Verwaltungsgeschäfte im Bereich der autonomen Landesverwaltung eingerichtet. Die Organisation der Ämter der LReg als der LReg im Bereich der Landesverwaltung und dem LH in der mittelbaren Bundesverwaltung untergeordnete Behörden ist bereits im BVG vom 30. 7. 1925 (BGBl 1925/289) geregelt. Eine Bindung des Landesgesetzgebers ergibt sich zusätzlich aus Art 15 Abs 10 B-VG, wonach Landesgesetze, welche die bestehende Organisation der Behörden der allgemeinen staatlichen Verwaltung in den Ländern – zB der Bezirkshauptmannschaften – ändern, der Zustimmung der BReg bedürfen. Abgesehen von den Vorgaben des Bundes kann der Landes(verfassungs)gesetzgeber die Organisation der Landesverwaltung frei regeln. In den dadurch festgelegten Rahmenbedingungen kann schließlich die LReg weitere organisationsrechtliche Maßnahmen treffen, wie zB die Er-

lassung der Geschäftsordnung (als selbständige Verordnung) der LReg, worin den einzelnen Mitgliedern der LReg ihre genauen Kompetenzen zugewiesen werden.

- Bei den **Gemeinden** (Art 115 Abs 2 B-VG) und den **Gemeindeverbänden** (Art 116a Abs 4 B-VG) liegt die Organisationsgesetzgebung bei den Ländern. Die Gemeindeordnungen, Stadtstatute und GemeindeverbandsG sind daher Landesgesetze.
- Bei den **beruflichen Interessenvertretungen**, den Kammern, besteht eine zwischen Bund und Ländern geteilte Zuständigkeit (Art 10 Abs 1 Z 8, Art 11 Abs 1 Z 2 und Art 15 Abs 1 B-VG).

II. Juristische Person

1. Begriff

Der Staat setzt sich aus einem Oberstaat (Bund) und neun Gliedstaaten (Bundesländer) zusammen; er ist sohin die Summe von juristischen Personen, die unterschiedliche öffentlich-rechtliche oder privatrechtliche Funktionen ausüben. Eine juristische Person ist ein *von der natürlichen Person verschiedener Träger von Rechten und Pflichten*, wobei die gesetzliche Zuordnung von Rechten und Pflichten das charakteristische Merkmal ist. Die gesetzlichen Bestimmungen entstammen entweder dem Privatrecht (zB AktienG, GmbHG) oder dem öffentlichen Recht (zB Forschungs- und TechnologieförderungsG, das in § 2 Abs 3 bestimmt: „Der Wissenschaftsfonds besitzt eigene Rechtspersönlichkeit“).

Juristische Personen sind rechtsfähig. Das heißt, dass sie gem § 26 ABGB grundsätzlich die gleichen Rechte und Pflichten wie natürliche Personen haben; aus der Natur der juristischen Person können sich aber gewisse Einschränkungen ergeben (zB mit Blick auf das Familienrecht). Weiters ist die Rechtsfähigkeit auf den *satzungsgemäßen Zweck* der juristischen Person beschränkt. Über Vermögensrechte kann eine juristische Person etwa nur so weit verfügen, wie diese der Verwirklichung des satzungsmäßigen Zweckes dienen. Abgesehen von diesen Einschränkungen liegt prinzipiell eine privatrechtliche Vollrechtsfähigkeit vor, die auch Bedeutung für den Umfang der **Verwaltungsrechtsfähigkeit** einer juristischen Person hat. Die Beteiligtenfähigkeit in § 9 AVG knüpft etwa ausdrücklich an die Vorschriften des bürgerlichen Rechts an, während die meisten verwaltungsrechtlichen Regelungen überhaupt keine besonderen Bestimmungen über die Verleihung von Berechtigungen enthalten. Maßgebend ist daher die allgemeine Privatrechtsfähigkeit einer Person. Daher kann auch eine GmbH eine Baubewilligung erwirken, weil sie gem § 26 ABGB den natürlichen Personen rechtlich gleichgestellt ist.

Die *Rechtsfähigkeit juristischer Personen* lässt sich umschreiben als die **Befähigung,**

- **Träger von Rechten und Pflichten** zu sein,
- **Vermögen** zu erwerben und zu besitzen,
- zu klagen und geklagt zu werden **(Parteifähigkeit).**

Juristische Personen können als Personenmehrheiten, Sachgesamtheiten oder Vermögensmassen konstruiert sein.

Handlungsfähig wird die juristische Person erst durch natürliche Personen, die im Rechtsverkehr als Organe für sie auftreten und deren Verhalten somit der juristischen Person zugerechnet wird. Für die Einhaltung der Verwaltungsvorschriften durch juristische Personen sind grundsätzlich die zur Vertretung nach außen Berufenen verantwortlich, sodass diese die verwaltungsstrafrechtliche Verantwortung trifft (§ 9 VStG).

Beispiel: Werden etwa die im KFG geregelten Beladungsvorschriften für ein KFZ nicht eingehalten und ist dieses auf ein als GmbH geführtes Unternehmen zugelassen, wird grundsätzlich der Geschäftsführer der GmbH (neben dem Lenker) als das zur Vertretung nach außen berufene Organ verwaltungsstrafrechtlich zur Verantwortung gezogen.

2. Juristische Personen des öffentlichen Rechts

Zu unterscheiden ist zwischen juristischen Personen des privaten Rechts und des öffentlichen Rechts. Die Definition juristischer Personen des öffentlichen Rechts ist umstritten. Häufig werden sie als jene juristischen Personen bezeichnet, die mit *hoheitlichen Befugnissen* ausgestattet sind, *Aufgaben der öffentlichen Verwaltung* erfüllen und *Zwangsbestand* haben. Diese Definition ermöglicht aber keine scharfe Abgrenzung, weil zum einen juristische Personen des Privatrechts existieren, die mit hoheitlichen Kompetenzen ausgestattet sind (beliehene Unternehmen wie die Oesterreichische Nationalbank), zum anderen juristische Personen des öffentlichen Rechts, denen nur privatrechtliche Handlungsbefugnisse zustehen (Landes-Hypothekenbanken oder Gemeindeverbände, die zB nur in der Abfallwirtschaft privatrechtlich agieren).

Die Rechtsnatur bestimmt sich vielmehr nach dem **Organisationsrecht**. Eine juristische Person des öffentlichen Rechts liegt demnach vor, wenn sie durch ein **Gesetz** oder aufgrund gesetzlicher Grundlage durch einen **speziellen Hoheitsakt** errichtet wurde (zB sind die Universitäten gem § 4 UniversitätsG 2002 als juristische Personen des öffentlichen Rechts eingerichtet; genauso die „AMA" Agrarmarkt Austria gem § 2 AMA-Gesetz 1992; weitere Bsp sind die Kammern und Sozialversicherungsträger). Organisationsrechtlich wurzeln juristische Personen des öffentlichen Rechts somit jedenfalls im öffentlichen Recht, gleich, ob ihre Aufgaben im Wege öffentlich- oder privatrechtlicher Befugnisse ausgeübt werden. Im Gegensatz dazu werden **juristische Personen des Privatrechts** durch einen Willensakt privatrechtlicher Natur (Vertrag) begründet (zB Gesellschaften wie die Gesellschaft mit beschränkter Haftung).

Die juristischen Personen des öffentlichen Rechts werden in Körperschaften, Anstalten und Fonds (und Stiftungen) eingeteilt.

3. Arten von juristischen Personen des öffentlichen Rechts

a. Körperschaften

Eine Körperschaft ist die zur juristischen Person erhobene **Personenmehrheit** und besitzt Rechtspersönlichkeit. Die Körperschaft verfügt über Mitglieder, wobei in der Regel eine Zwangsmitgliedschaft besteht. Die Mitgliedschaft wird entweder unmittelbar aufgrund des Gesetzes begründet oder der betreffende Personenkreis ist zum Eintritt gesetzlich verpflichtet. Die **Gebietskörperschaften** Bund, Länder und Gemeinden verfügen über *Gebietshoheit*, die sämtliche Personen, die sich im Bezugsgebiet aufhalten, der jeweiligen staatlichen oder gemeindlichen Gewalt unterwirft. Im Gegensatz dazu beschränkt sich die Anordnungsbefugnis der **Personalkörperschaften** bzw **Interessengemeinschaften** auf den *Kreis ihrer Mitglieder*, die durch gleichartige persönliche Merkmale gekennzeichnet sind wie die gleiche Zugehörigkeit zu einem Beruf oder gleiche Zielsetzungen; zB die Rechtsanwalts- oder Notariatskammern, Jagdgenossenschaften, Fremdenverkehrsverbände oder die Hochschülerschaft. Juristische Personen des öffentlichen Rechts sind häufig Selbstverwaltungskörper (Gemeinden, Kammern).

b. Anstalten

Die Anstalt ist eine zur juristischen Person erhobene **Sachgesamtheit**, die Sachen oder Dienstleistungen zur Benutzung oder Inanspruchnahme bereitstellt. Anstalten sind auf Dauer eingerichtet und sind bestimmten Zwecken der öffentlichen Verwaltung gewidmet. Demnach haben Anstalten keine Mitglieder, sondern *Benützer*. Die Beziehungen zwischen dem Benützer und der Anstalt können öffentlich-rechtlich oder privatrechtlich geregelt sein. Ein Wesensmerkmal der Anstalt ist die *Nutzung durch einen unbestimmten Personenkreis*. Als Anstaltsträger treten häufig die Gebietskörperschaften auf. Beispiele sind die Landes-Hypothekenbanken, die Verwaltungsakademie des Bundes, die Donau-Universität Krems, die Justizbetreuungsagentur, die Lebensmitteluntersuchung oder diverse Forschungsanstalten, die Gutachten für Zwecke der Verwaltung erstellen. Zugunsten mancher öffentlicher Anstalten besteht *Anstaltszwang*, wie etwa der Schul- oder Versicherungszwang. Der Anstalt steht als besondere Form der Hausgewalt die *Anstaltsgewalt* im gesetzlich eingeräumten Rahmen zu.

Neben den öffentlich-rechtlichen Anstalten gibt es auch *privatrechtliche Anstalten*; zB Privatschulen, private Krankenanstalten.

c. Fonds und Stiftungen

Öffentlich-rechtliche Fonds oder Stiftungen sind zur juristischen Person erhobene **Vermögensmassen**, die einem bestimmten Zweck gewidmet sind. Sie haben weder Mitglieder noch Benützer, sondern *Begünstigte*. Ein Fonds mit Hoheitsgewalt ist zB die „AMA" Agrarmarkt Austria (s Definition im § 2 AMA-Gesetz 1992), ein Fonds mit Befugnissen nur im privatwirtschaftlichen Bereich zB der Forschungsförderungsfonds oder die Wohnbauförderungsfonds der Länder. Eine Stiftung des öffentlichen Rechts ist zB der ORF, der die Erfüllung des ihm übertragenen öffentlich-rechtlichen Auftrags zum Zweck hat.

Die Mehrzahl der Fonds und Stiftungen werden als juristische Personen des *Privatrechts* errichtet, also durch privatrechtlichen Willensakt, um aber gemeinnützigen Zwecken zu dienen; sie stehen dabei unter behördlicher Aufsicht (zB normiert § 7 Abs 1 PrivatstiftungsG, dass die Privatstiftung durch eine Stiftungserklärung errichtet wird und mit ihrer Eintragung in das Firmenbuch entsteht, wobei kein gemeinnütziger Zweck vorgesehen ist).

Beachte: Nicht alle Anstalten, Fonds und Stiftungen sind juristische Personen (auch als *selbständige* Anstalten, Fonds und Stiftungen bezeichnet). Es gibt in der öffentlichen Verwaltung vielfach *„unselbständige"* Formen **ohne eigene Rechtspersönlichkeit** wie zB Museen und Theater; diese sind mit nachgeordneten Dienststellen vergleichbar. Die Schulen sind ein Sonderfall, weil diesen Teilrechtsfähigkeit (innerhalb gesetzlich bestimmter Grenzen) zukommt. Insbesondere bei den Fonds gehört die Mehrzahl der öffentlich-rechtlichen Fonds zu den unselbständigen Fonds (*Verwaltungsfonds*); sie stellen als Teil der Gebarung einer Gebietskörperschaft einen eigenen Budgetposten (zB der Katastrophen- oder Naturschutzfonds).

III. Organ, Organwalter, Behörde und Dienststelle

1. Organe

Handlungsfähig ist eine juristische Person nur durch natürliche Personen, deren Verhalten der juristischen Person zurechenbar ist (**Organe**); dies gilt auch für rechtswidriges Verhalten. Organe üben ihre Kompetenzen aus, sie haben aber – im Unterschied zur vertretenen juristischen Person – keine selbständige Rechtsfähigkeit. Welche Organe eine bestimmte juristische Person vertreten und welche Aufgaben diese Organe haben, ist organisationsrechtlich zu regeln (Organe im **organisatorischen Sinn**).

Eine juristische Person kann nicht nur durch eigene Organe handeln, sondern ihre Aufgaben auch durch Organe wahrnehmen, die organisatorisch einer anderen Verwaltungseinheit angehören. Soweit das Handeln solcher Organe trotzdem einer organisationsfremden juristischen Person zugerechnet wird, spricht man von Organen im **funktionellen Sinn**. So erklärt zB der Bund in Art 102 Abs 1 B-VG in Angelegenheiten der mittelbaren Bundesverwaltung das Handeln von Landesorganen zu seinem eigenen Handeln und die betroffenen Landesbehörden (im organisatorischen Sinn) agieren dabei als Bundesbehörden im funktionellen Sinn.

2. Organwalter

Auch die *Gebietskörperschaften* als juristische Personen des öffentlichen Rechts bedürfen somit des Einsatzes von Organen, um handeln zu können. Die *Organe* sind die rechtlich geregelten Einrichtungen mit einem Bündel an Kompetenzen (Behörden, Ämter). Davon sind **Organwalter** abzugrenzen, worunter konkrete *physische Personen* zu verstehen sind, die die Organfunktion ausüben. Etwa ist das Organ des Finanzministers als Leiter des Bundesministeriums für Finanzen mit seinen Kompetenzen im BundesministerienG geregelt und derzeit von dem Organwalter Magnus Brunner besetzt.

3. Behörden und Dienststellen

Als **Behörden** bezeichnet man jene Organe der Vollziehung, die zur Setzung *hoheitlicher* Akte befugt sind. Bei Verwaltungsbehörden ist dies insbes die Befugnis zur Erlassung von Bescheiden und Verordnungen. Welche Verwaltungsorgane zur Ausübung von Hoheitsgewalt konkret berufen sind, ergibt sich aus den anzuwendenden Verwaltungsvorschriften.

Werden Privatpersonen (oder juristische Personen des Privatrechts) zur Setzung von Hoheitsakten ermächtigt, spricht man von einer **Beleihung**.

Vom Behördenbegriff ist der Begriff der **Dienststelle** zu unterscheiden. Dienststellen haben für sich genommen keine Hoheitsgewalt, sondern sind der Behörde lediglich als Hilfsapparat zur Besorgung von deren Aufgaben beigegeben. Eine Dienststelle wird also für eine Behörde tätig, womit ihre Handlungen im Namen der Behörde gesetzt und sohin auch dieser zugerechnet werden. Da solche Organe keine selbständigen, sondern nur abgeleitete Hoheitsbefugnisse haben, heißen sie **Hilfsorgan**. In diesem Sinne ist etwa das Bundesministerium als Dienststelle dem Organ Bundesminister beigegeben; das Amt der LReg ist die gemeinsame Dienststelle der obersten Organe des Landes. Im Übrigen gilt dasselbe zumeist auch für Bezeichnungen von organisatorischen Einrichtungen als **Amt**. Mitunter bezeichnet das Gesetz jedoch auch Einrichtungen als „Ämter“, denen zugleich auch hoheitliche Befugnisse zukommen, so etwa das Bundesdenkmalamt oder das Bundesamt für Fremdenwesen und Asyl. Die Frage, ob es sich um eine Behörde oder lediglich um eine Dienststelle handelt, kann somit nur anhand der gesetzlich eingeräumten Hoheitsgewalt beurteilt werden.

IV. Zuständigkeit der Verwaltungsbehörden

1. Sachliche und örtliche Zuständigkeit

Als Zuständigkeit (auch: Kompetenz) bezeichnet man zum einen den *Aufgabenkreis der juristischen Person*, so zB die Kompetenzen von Bund und Ländern gem Art 10 bis 15 B-VG (**Verbandskompetenzen**). Zum anderen verfügen die einzelnen Verwaltungsorgane über **Organkompetenzen**, also über einen eigenen Wirkungsbereich, der eine Anzahl von konkreten Aufgaben umfasst. Daher werden Organe vielfach als „Zuständigkeitsbündel“ bezeichnet.

Die Kompetenz setzt sich zusammen aus der **sachlichen** Zuständigkeit einer Behörde, die den Kreis der Angelegenheiten in inhaltlicher Hinsicht betrifft, und der **örtlichen** Zuständigkeit, die dem Aufgabenkreis der Behörde ein bestimmtes räumliches Gebiet zuordnet. Die Regelung der sachlichen und örtlichen Zuständigkeit einer Behörde hat der einfache Gesetzgeber in den Materiengesetzen in präziser Weise vorzunehmen. Dabei sind konkurrierende oder alternative Zuständigkeiten unzulässig (zB ist die Gewerbeanmeldung gem § 339 Abs 1 GewO bei der BVB des Standorts zu erstatten, an dem das

Gewerbe ausgeübt werden soll). Nur in den Fällen, in denen der Gesetzgeber für die Erlassung von Bescheiden keine Kompetenzregelung vorgesehen hat, sieht das AVG subsidiäre Zuständigkeitsregelungen vor (§§ 2 ff AVG).

Erlässt eine Behörde, die nach einfachgesetzlichem Maßstab unzuständig ist, einen Bescheid, so ist dieser Bescheid rechtswidrig und anfechtbar; zugleich kann nach der Rsp des VfGH das verfassungsgesetzlich gewährleistete Recht auf Behandlung durch die zuständige Behörde (**Recht auf den gesetzlichen Richter** nach Art 83 Abs 2 B-VG) verletzt sein.

Beachte: Der VfGH wertet die Verletzung der örtlichen oder sachlichen Zuständigkeit unterschiedlich im Lichte des Art 83 Abs 2 B-VG. Laut seiner Rsp zur alten Rechtslage (vor der Verwaltungsgerichtsbarkeits-Novelle 2012) konnte die Entscheidung durch eine örtlich unzuständige Behörde durch das Tätigwerden der örtlich und sachlich zuständigen Berufungsbehörde „geheilt" werden, nicht hingegen bei sachlicher Unzuständigkeit der Behörde erster Instanz. Letzteres hat der VfGH in jüngerer Rsp auch auf das Verhältnis zu den VwG übertragen; unklar ist hingegen, ob die örtliche Unzuständigkeit der belangten Behörde auch durch Sachentscheidung des (örtlich und sachlich zuständigen) VwG heilen kann.

2. Zuständigkeitsübergang

Vom Grundsatz der festen Zuständigkeitsverteilung gibt es gesetzlich vorgesehene Ausnahmen. Eine Behörde kann mittels **Delegation** ihre Zuständigkeit zur Vornahme bestimmter Amtshandlungen durch Willensakt auf ein anderes Organ übertragen, soweit sie gesetzlich dazu ermächtigt wurde. So kann der BPräs gem Art 66 Abs 1 B-VG das ihm zustehende Recht der Ernennung von Bundesbeamten bestimmter Kategorien den zuständigen Mitgliedern der BReg übertragen und sie ermächtigen, ihrerseits diese Befugnis für bestimmte Kategorien von Bundesbeamten an ihnen nachgeordnete Organe weiterzuübertragen. Mit der Delegation geht nicht nur die Zuständigkeit, sondern auch die Verantwortlichkeit auf die andere Behörde über.

Eine **Devolution** liegt demgegenüber vor, wenn eine Zuständigkeit ohne entsprechenden Willensakt des ursprünglich zuständigen Organs bei Erfüllung gewisser Voraussetzungen auf ein anderes Organ übergeht.

Der wichtigste Fall war bis zum Inkrafttreten der Verwaltungsgerichtsbarkeits-Novelle 2012 in § 73 Abs 2 AVG geregelt, wonach bei Untätigkeit einer Verwaltungsbehörde über sechs Monate hinweg auf schriftlichen Antrag der Partei die Entscheidungskompetenz auf die sachlich in Betracht kommende Oberbehörde/Berufungsbehörde übergeht. Ab diesem Zeitpunkt verlor die säumige Behörde ihre Zuständigkeit. Mit Einführung der zweistufigen Verwaltungsgerichtsbarkeit findet der Fall des § 73 Abs 2 AVG nur mehr im eigenen Wirkungsbereich der Gemeinde Anwendung, soweit der zweistufige Instanzenzug nicht gem Art 118 Abs 4 B-VG gesetzlich ausgeschlossen worden ist. Für die übrige Verwaltung gibt es die Möglichkeit der **Devolutionsanträge nicht mehr**; seit der Verwaltungsgerichtsbarkeits-Novelle ist nach Art 130 Abs 1 Z 3 B-VG iVm § 8 VwGVG **Säumnisbeschwerde** beim Verwaltungsgericht zu erheben, wenn die Verwaltungsbehörde über sechs Monate keinen Bescheid erlassen hat. Die Behörde hat anschließend drei Monate Zeit, den Bescheid nachzuholen. Zu einer Devolution der Zuständigkeit von der Verwaltungsbehörde an das Verwaltungsgericht, sodass nur mehr das Gericht und nicht mehr die säumige Behörde zuständig wäre (gleich der Rechtswirkung einer Devolution an die Oberbehörde gem § 73 Abs 2 AVG), kommt es daher nicht.

Siehe ausführlicher zur Zuständigkeit der Behörden Fürst/Hofmann, Orac-Skriptum „Verwaltungsverfahren", 1. Teil, 1. Abschnitt, B.

V. Organisationsprinzipien

1. Unmittelbare und mittelbare Verwaltung

Die Rechtsträger besorgen ihre Verwaltungsaufgaben **unmittelbar**, wenn sie zur Besorgung die *eigenen Organe* heranziehen. Der Bund vollzieht zB das Finanzwesen durch Bundesbehörden, nämlich die Finanzämter. Diese Behörden sind bei der Aufgabenbesorgung in organisatorischer und funktioneller Hinsicht Bundesbehörden. Siehe Näheres B.II.2.a.

Mittelbare Verwaltung liegt vor, wenn sich der Rechtsträger *„fremder" Organe* zur Besorgung seiner Aufgaben bedient; so etwa in der mittelbaren Bundesverwaltung, in welcher der Bund nicht die eigenen Behörden heranzieht, sondern die Aufgaben von den Landesbehörden – dem LH und den Bezirksverwaltungsbehörden – erledigt werden: Hier handelt es sich organisatorisch um Landesbehörden, die in den Angelegenheiten der mittelbaren Bundesverwaltung funktionell als Bundesbehörden tätig werden. Siehe Näheres B.II.2.b.

Genauso verhält es sich bei der *Gemeinde im übertragenen Wirkungsbereich*, worin sie je nach dem übertragenden Rechtsträger – Bund oder Länder – funktionell als Bundes- oder Landesbehörde auftritt. Die organisatorische Zugehörigkeit zur Gemeinde bleibt stets unberührt. Der Bürgermeister ist bei der Besorgung der Aufgaben des übertragenen Wirkungsbereichs an die Weisungen des zuständigen Bundes- oder Landesorgans gebunden, je nachdem, ob es sich um eine Angelegenheit der Bundes- oder Landesvollziehung handelt. Bei mittelbarer Verwaltung besteht zwischen den Gebietskörperschaften stets eine funktionell auf die Wahrnehmung der betreffenden Angelegenheit beschränkte *Weisungsbindung* der betrauten Organe. Siehe Näheres B.IV.2.

2. Dezentralisation – Selbstverwaltung

Die Erfüllung von Verwaltungsfunktionen kann dezentralisiert werden; dh auf relativ selbständige Verwaltungsträger wie zB die Gemeinden, Kammern oder Sozialversicherungsträger übertragen werden; diese besorgen die ihnen zugewiesenen Angelegenheiten in eigener Verantwortung und weisungsfrei, stehen im Gegenzug aber unter staatlicher Aufsicht. Die Besorgung von Aufgaben im eigenen Wirkungsbereich durch öffentlich-rechtliche Körperschaften nennt man *Selbstverwaltung*. Sie gehört zur staatlichen Vollziehung, die außerhalb der Verwaltung des Bundes und der Länder steht und bei der die Interessen eines Selbstverwaltungskörpers relativ autonom verfolgt werden. Seit Einfügung der Art 120a bis 120c B-VG durch die Novelle 2008 enthält die Bundesverfassung eine generelle Regelung der Selbstverwaltung außerhalb der Regelungen über die Gemeindeselbstverwaltung gem Art 115 ff B-VG. Aus den verschiedenen Vorschriften über die Selbstverwaltung lassen sich folgende **Charakteristika der Selbstverwaltung** ableiten:

- Einrichtung als juristische Person des öffentlichen Rechts durch einen Hoheitsakt,
- obligatorische Mitgliedschaft,
- die Einräumung der Kompetenz zur Besorgung von öffentlichen Verwaltungsaufgaben, die im ausschließlichen oder zumindest überwiegenden Interesse der Personengemeinschaft liegen und die auch geeignet sind, durch diese Personen besorgt zu werden (**eigener Wirkungsbereich**),
- die Besorgung dieser Aufgaben in weisungsfreier Eigenverantwortlichkeit unter staatlicher Aufsicht,
- daneben besteht ein **übertragener Wirkungsbereich**, in dem die Organe des Selbstverwaltungskörpers funktionell als Behörden des Bundes oder Landes tätig werden und weisungsgebunden sind,
- Mitbestimmung der Mitglieder, va die Bestellung der Organe durch die Verbandsangehörigen aus ihrem Kreis,
- relative finanzielle Selbständigkeit.

Die **Organisationsform** der Selbstverwaltung tritt in mehreren Erscheinungsformen auf. Insbes sind die nach dem *Territorialprinzip* (zB Gemeinden) und die nach dem *Personalprinzip* (zB gesetzliche Berufsvertretungen) organisierten Typen zu unterscheiden. Gemein ist ihnen der Gedanke der Subsidiarität, wonach eine Interessengemeinschaft – sei es in örtlicher oder in beruflicher Hinsicht – die sie unmittelbar betreffenden öffentlichen Aufgaben am besten selbst dezentral regeln kann. Die Selbstverwaltung tritt in diesem Aufgabenbereich an die Stelle der staatlichen Verwaltung durch Bund und Länder. Daneben werden durch die Selbstverwaltungskörper sehr häufig Aufgaben außerhalb der Vollziehung besorgt. Siehe Näheres B.IV.

3. Monokratische oder kollegiale Organisation

Die Unterscheidung zwischen monokratischer und kollegialer Organisation setzt bei der Willensbildung innerhalb der Behörde an; bei einer monokratischen Einheit richtet sich der Wille nach einer einzigen Person (zB Bpräs, BM, LH, Landesräte, Bezirkshauptmänner, Bürgermeister), bei kollegialen Organen hingegen nach der Mehrheit unter gleichberechtigten Organwaltern (BReg, LReg, Gemeinderäte).

4. Beleihung, Ausgliederung, Verwaltungshilfe

Der Staat bedient sich zur Erfüllung seiner Aufgaben in vielen Fällen – speziell sachkundiger – privater Personen oder Gesellschaften, die außerhalb des Staatsapparats stehen. Derartige Phänomene lassen sich im Wesentlichen in die Formen der Ausgliederung/Privatisierung, der Beleihung und der Verwaltungshilfe einteilen.

Der VfGH hat der Heranziehung staatsferner Personen bei der Erfüllung öffentlicher Aufgaben Grenzen gesetzt:

- Die Übertragung darf nicht die Kernbereiche staatlicher Verwaltung betreffen (Sicherheit, Strafgewalt) und nur einzelne Aufgaben und nicht ganze Verwaltungsmaterien;
- sie muss durch sachliche Erfordernisse geboten sein (zB höhere Effizienz);
- im Falle der Beleihung (Einräumung hoheitlicher Befugnisse) muss eine umfassende Leitungsbefugnis des obersten Organs gesichert sein (Weisungszusammenhang, angemessenes Aufsichtsrecht).

a. Beleihung

Durch Gesetz oder durch einen hoheitlichen Akt kann eine natürliche oder juristische Person privaten Rechts oder ein ausgegliederter Rechtsträger mit der Zuständigkeit zur *Setzung von Hoheitsakten* (insbes Erlassung von Bescheiden) betraut werden. Dadurch wird eine Organfunktion des Beliehenen innerhalb der Hoheitsverwaltung begründet und das Handeln des Beliehenen der zuständigen Gebietskörperschaft zugerechnet, die auch für das Verhalten des Beliehenen nach den Vorschriften des AmtshaftungsG haftet. Der Beliehene befindet sich in jedem Fall außerhalb des Staatsapparats, sodass die Weisungsgebundenheit bzw die staatliche Aufsicht gesetzlich geregelt werden müssen.

Der im Zuge der B-VG-Novelle BGBl I 2008/2 neu gefasste Art 20 Abs 2 B-VG hat den Spielraum für den Gesetzgeber etwas gelockert. Es ist nun verfassungsrechtlich zulässig, die Beliehenen weisungsfrei zu stellen, sofern ein „angemessenes Aufsichtsrecht der obersten Organe“ eingerichtet ist.

Das Paradebeispiel für eine Beleihung ist die Österreichische Nationalbank, deren Einrichtung und Aufgaben im NationalbankG und im DevisenG geregelt sind. Beide Gesetze ermächtigen die Nationalbank zur Setzung hoheitlicher Akte wie zur Erlassung von Bescheiden und Verordnungen.

Ein weiteres bekanntes Beispiel ist die Betrauung der Austro Control GmbH mit hoheitlichen Aufgaben (Flugsicherung) aufgrund des Austro-ControlG. Zur Vollziehung spezieller Materien werden in vielen Fällen Private als Aufsichtsorgane mit polizeilichen Befugnissen ausgestattet (zB Jagdaufsichtsorgane gemäß den Landes-Jagdgesetzen, Naturschutz- und Bergwachtorgane zur Einhaltung naturschutzrechtlicher Vorschriften).

b. Ausgliederung

In den letzten Jahrzehnten, speziell nach dem EU-Beitritt Österreichs, setzte ein Trend zur Auslagerung staatlicher Aufgaben auf zumeist Rechtsträger des privaten Rechts ein, die auf der Basis des Privatrechts handeln. Die Vorteile liegen auf der Hand: die stärkere Betonung des Wirtschaftlichkeitsprinzips, eine flexiblere Geschäftsführung und Personalpolitik, Beseitigung der kompetenzrechtlichen Schranken. Natürlich birgt eine ausufernde Ausgliederungspolitik aber auch die Gefahr mit sich, dass die politische Kontrolle und Verantwortung, insbesondere in Bezug auf die Gebarung, gemindert wird.

Im Falle der Überlassung einer bisher von der Gebietskörperschaft besorgten Aufgabe auf einen von ihr gesellschaftsrechtlich dominierten Rechtsträger oder auf einen öffentlich-rechtlichen Rechtsträger spricht man von einer **Organisationsprivatisierung** (auch formelle oder unechte Privatisierung). Werden Aufgaben tatsächlich dem Markt überlassen (also einem Träger, der vom staatlichen Organ nicht mehr beherrscht wird), liegt eine **Aufgabenprivatisierung** (echte Privatisierung) vor. Veräußert der Staat Anteile an öffentlichen Unternehmen, bezeichnet man dies als **Vermögensprivatisierung**.

Beispiele für vom Bund geschaffene Rechtsträger des öffentlichen Rechts mit dem Zweck, öffentliche Aufgaben zu besorgen, sind die Agrarmarkt Austria, das Arbeitsmarktservice oder die Universitäten. Alle drei genannten Rechtsträger haben auch hoheitliche Befugnisse, sodass zusätzlich Beleihung vorliegt. Rechtsträger des privaten Rechts sind zB die Schönbrunner Tiergarten-GmbH, die Österreichischen Bundesbahnen oder die Austro Control GmbH.

c. Verwaltungshilfe

Private können an der Erfüllung öffentlicher Aufgaben (auch hoheitlicher Aufgaben) unterstützend und zur Entlastung der Verwaltung herangezogen werden. Diese unselbständigen Hilfsdienste bringen keine Hoheitsgewalt mit sich und finden außerhalb eines Dienstverhältnisses statt. Etwa werden regelmäßig private Unternehmer mit der Entfernung von Fahrzeugen im Rahmen der Straßenpolizei oder von konsenslos errichteten Bauten zur Durchsetzung baupolizeilicher Beseitigungsaufträge betraut.

VI. Der öffentliche Dienst

Die Besorgung der Aufgaben der öffentlichen Verwaltung geschieht großenteils durch den öffentlichen Dienst **(Berufsbeamtentum)**. Dieser ist gekennzeichnet durch das Vorliegen eines Dienstverhältnisses zu einer Gebietskörperschaft. Entsprechend der Struktur Österreichs als Bundesstaat gibt es nicht den einheitlichen „Staat" als Dienstgeber der Beamten, sondern den Bund und die Länder, weiters auch die Gemeinden, die jeweils über einen eigenen Verwaltungsapparat verfügen. Die Gesamtheit der Bediensteten von Gebietskörperschaften bilden den *öffentlichen Dienst.*

1. Berufsbeamte

Die verfassungsrechtliche Stellung des Berufsbeamten wird mit Art 20 Abs 1 B-VG geregelt, wonach unter der Leitung der obersten Organe des Bundes und der Länder **auf Zeit gewählte Organe oder ernannte berufsmäßige Organe die Verwaltung führen.** *Gewählt* – entweder durch das Volk oder durch ein anderes Organ – werden zB der Bundespräsident, die Landeshauptmänner oder die Bürgermeister. Bei den untergeordneten Beamten hat sich der auf Zeit gewählte Typus nicht durchgesetzt. *Ernannt* werden der Bundeskanzler, die Bundesminister oder die große Schar der den obersten Organen untergeordneten Berufsbeamten. Der Begriff des Berufsbeamten umfasst also zunächst *nach dem Wortlaut* nur die beiden Gruppen der gewählten und ernannten Beamten.

Zu beachten ist, dass Art 20 Abs 1 B-VG seit der Novelle mit BGBl I 2008/2 auch einen Hinweis auf „vertraglich bestellte Organe“, also auf die **Vertragsbediensteten** enthält. Dies war bis dahin nicht der Fall. Während der Begriff des *„Beamten“* ieS nur die öffentlich-rechtlichen, durch Verwaltungsakt ernannten Bediensteten der Gebietskörperschaften erfasst und die Vertragsbediensteten ausgeschlossen hat, erstreckt sich der Begriff der **„öffentlichen Bediensteten“** nunmehr auch auf die zahlenmäßig stetig ansteigende Gruppe der Vertragsbediensteten. Die Vertragsbediensteten werden auf der Basis eines *privatrechtlichen Dienstvertrages* mit dem Bund, den Ländern, Gemeinden oder Gemeindeverbänden tätig. Für die Unterscheidung der beiden Gruppen ist allein die *Art der Begründung* – Bescheid oder Vertrag – maßgebend und nicht der Einsatzbereich. Beide Arten von Rechtsverhältnissen begründen ein „öffentliches Dienstverhältnis“, wobei die Beamten in einem öffentlich-rechtlichen und die Vertragsbediensteten in einem „privatrechtlich-öffentlichen“ Dienstverhältnis zu einer Gebietskörperschaft stehen.

2. Zweck des Berufsbeamtentums

a. Prinzipien

Das **verfassungsrechtliche Konzept** sieht vor, dass die Gesetzgebung Aufgabe der Parlamente (Nationalrat und Bundesrat, Landtage) und damit der in den Parlamenten vertretenen *politischen Parteien* ist. Die Abgeordneten sind aufgrund ihrer Wahl demokratisch legitimiert und ihre Gesetze repräsentieren den Volkswillen. Aufgabe der *unpolitischen* Verwaltung und ihrer Beamten ist es, die Gesetze (und damit den Willen der Mehrheit des Volkes) unverfälscht, präzise und unparteiisch zu verwirklichen. Sind diese Kriterien erfüllt, liegt eine demokratische Verwaltung vor. Lediglich die obersten Organe der Verwaltung sind zugleich (auf Zeit bestellte) Beamte und Politiker. Ihr Weisungsrecht gegenüber den untergeordneten Beamten soll die Übereinstimmung der Verwaltung mit der Gesetzgebung garantieren. Nur mit Hilfe der *strikten Weisungsbindung* und der strikten *Gesetzesbindung* der Verwaltung kann das verfassungsrechtliche Konzept des demokratischen Legitimationsstrangs vom gewählten Gesetzgebungskörper bis hin zum vollziehenden Beamten umgesetzt werden.

Die Berufsbeamten sollen ihren Lebensberuf nach dem Leistungsprinzip, dem Prinzip der bei entsprechender Vorbildung und ständiger Weiterbildung *garantierten Laufbahn* und dem *Loyalitätsprinzip* gegenüber dem Gemeinwesen ausüben.

b. Vorbehalt für österreichische Staatsbürger

Gem Art 3 Abs 2 StGG stehen die öffentlichen Ämter *nur österreichischen Staatsbürgern* offen. Auch nach dem *EU-Beitritt* lässt sich die Ausgrenzung von Personen ohne österreichischer Staatsbürgerschaft im Wesentlichen aufrechterhalten, weil Art 45 Abs 4 AEUV (ex Art 39 EGV) die „Beschäftigung in der öffentlichen Verwaltung“ ausdrücklich von der Freizügigkeit der Arbeitnehmer in der EU ausnimmt. Nach der Rechtsprechung des EuGH und der Auffassung der Kommission beschränkt sich die Ausnahme auf die Aufgabenerfüllung in der *Hoheitsverwaltung*, während die Angelegenheiten der Privatwirtschaftsverwaltung nicht mehr erfasst sind. Eine Tätigkeit fällt also nicht schon dann in den Anwendungsbereich der Ausnahme des Art 45 Abs 4 AEUV, wenn sie bei einem öffentlich-rechtlichen Arbeitgeber ausgeübt wird. Es ist auch nebensächlich, ob es sich um ein öffentlich-rechtlich oder privatrechtlich begründetes Beschäftigungsverhältnis handelt. Allein entscheidend ist die „unmittelbare oder mittelbare“ Teilnahme an der Ausübung hoheitlicher Befugnisse und an der Wahrnehmung solcher Aufgaben, die auf die Wahrung der allgemeinen Belange des Staates gerichtet sind.

Der Grund für die Ausnahme des Art 45 Abs 4 AEUV, wonach die Einschränkung auf Staatsangehörige ausnahmsweise zulässig ist, liegt darin, dass in der Hoheitsverwaltung eine besondere Verbundenheit und Loyalität des jeweiligen Stelleninhabers zum Staat vorausgesetzt wird. Ein klassisches Beispiel für den Staatsbürgervorbehalt sind die Stellen der Richter und Staatsanwälte sowie der Polizeiorgane.

Den jeweils obersten Organen obliegt gem Art 21 Abs 3 B-VG die **Diensthoheit** (gegenüber Bundesbediensteten dem Bund und gegenüber Landesbediensteten dem jeweiligen Land, gegenüber Gemeindebediensteten ist die Gemeinde im eigenen Wirkungsbereich zuständig); dh alle Rechtsakte, die sich auf die Begründung oder die nähere Gestaltung des Dienstverhältnisses beziehen. Dazu gehören insbes Ernennungen, Beförderungen oder die Ausübung der Aufsicht über die ordnungsgemäße Erledigung der Aufgaben.

3. Dienstrecht der Beamten

Nach der Kompetenzverteilung steht die **Kompetenz** zur Gesetzgebung und Vollziehung auf dem Gebiet des Dienst- und Personalvertretungsrechts für die Bundesbediensteten dem Bund zu, für die Landesbediensteten und die Bediensteten der Gemeinden und Gemeindeverbände den Ländern (zu beachten sind die in Art 14 B-VG vorgesehenen Ausnahmen für Lehrer, Kindergärtner, Erzieher). Die dienstrechtlichen Regelungen des Bundes und der Länder weisen weitgehende Übereinstimmung auf, daher sollen hier nur die Grundsätze des Dienstrechts der Bundesbeamten nach dem **Beamten-Dienstrechtsgesetz 1979** (BDG) dargestellt werden:

- Das Dienstverhältnis des Beamten wird durch **Ernennung** (Verleihung einer Planstelle mit Bescheid) auf Dauer, meist nach Absolvierung eines provisorischen Stadiums, begründet. „Auf Dauer" bedeutet in den meisten Fällen, dass die Beamten *auf Lebenszeit* ernannt werden und dass sie im Gegenzug für ihre Treue und Loyalität einen Anspruch auf lebenslängliche Versorgung durch den Staat haben. Auf die Ernennung zur Begründung eines Dienstverhältnisses oder auch zu einer Beförderung besteht kein Rechtsanspruch (kein Anspruch auf bescheidmäßige Erledigung des Antrages), die Bewerber sind im Auswahlverfahren nicht Partei.

> So wird zB gem § 18 Oö LVwGG bei der Bestellung von Verwaltungsrichtern am Landesverwaltungsgericht OÖ nach einer Ausschreibung durch den Präsidenten und einem Auswahlverfahren von einem Ausschuss ein (begründeter) Dreiervorschlag erstellt. Diesem kommt keine Bindungswirkung zu und die Ernennung eines Richters erfolgt durch die Landesregierung (als Kollegialorgan).

- Der ernannte Beamte wird in eine bestimmte **Besoldungs- und Verwendungsgruppe** eingeordnet und rückt nach bestimmten Kriterien der gehaltsrechtlichen Regelungen vor. Für die jeweiligen Verwendungsgruppen bestehen unterschiedliche Ernennungserfordernisse (Matura, Studium), die zu erfüllen sind. Es treffen ihn verschiedene *Amtspflichten*, zB die Weisungsgebundenheit, die Amtsverschwiegenheit und die Haftung gegenüber dem Rechtsträger nach den Bestimmungen des OrganhaftpflichtG. Es bestehen aber auch besondere Schutzbestimmungen wie zB der Versetzungsschutz oder das Bestehen einer Personalvertretung. Die Beamten fallen noch in ein besonderes Pensionssystem, das sukzessive mit dem allgemeinen Pensionsrecht der Erwerbstätigen in der Privatwirtschaft und den Vertragsbediensteten zusammengeführt wird.
- Das provisorische Dienstverhältnis kann noch mit Bescheid gekündigt werden. Nach der Definitivstellung (**Pragmatisierung**), meist nach Ablegung einer Dienstprüfung auf Antrag des Beamten, kann das Dienstverhältnis nur mehr durch Austritt oder Entlassung aufgrund eines Disziplinarverfahrens beendet werden.
- Standesrechtliche Merkmale weist das Beamtendienstrecht auf, wenn es ein **eigenes Disziplinarverfahren** (wie zB bei den Selbstverwaltungskörpern der Rechtsanwalts- oder Ärztekammer) vorsieht. In dieser Funktion bilden weisungsfreie Beamte eine Disziplinarkommission zur Verhängung von Sanktionen für begangene Dienstpflichtverletzungen. Neben der disziplinären Verantwortlichkeit bestehen noch eine besondere *strafrechtliche* Verantwortlichkeit, insbes bei Missbrauch der Amtsgewalt gem § 302 Strafgesetzbuch (StGB), und eine *zivilrechtliche* Haftung. Diese richtet sich

im Rahmen der Hoheitsverwaltung bei einem Dritten oder dem Rechtsträger zugefügten Schäden nach dem Amtshaftungs- bzw dem OrganhaftpflichtG.

Anzumerken ist, dass der Trend im öffentlichen Dienst in Richtung Zurückdrängung der Beamten und ihrer Privilegien geht. Pragmatisierungen werden nur mehr eingeschränkt vorgenommen und der Beamtenstatus soll letztlich nur mehr auf gewisse Kernbereiche beschränkt werden (zB Richter). Die „Beamtenpension" ist aufgrund des PensionsharmonisierungsG ein Auslaufmodell, langfristig wird die Altersversorgung der Beamten an das Sozialversicherungsmodell angeglichen.

4. Dienstrecht der Vertragsbediensteten

Vertragsbedienstete werden aufgrund eines privatrechtlichen Vertrags mit der jeweiligen Gebietskörperschaft tätig. Die Vertragsbediensteten des Bundes unterliegen den Regelungen des **Vertragsbedienstetengesetzes 1948**. Darin sind ebenso Dienstpflichten und Rechte enthalten wie im BDG. Für die Vertragsbediensteten der Länder und Gemeinden bestehen ähnliche landesgesetzliche Regelungen. *Nachteile* im Vergleich zu den pragmatisierten Beamten ergeben sich insofern, als sie unter besonderen Voraussetzungen (schwere Verstöße gegen die Dienstpflichten) gekündigt werden können oder das Dienstverhältnis vorzeitig aufgelöst werden kann, keinen Versetzungsschutz genießen und insbes die Altersversorgung nach dem ASVG statt nach dem günstigeren Beamtenpensionsrecht berechnet wird.

Ein eigenes Disziplinarverfahren wie bei den Beamten gibt es für die Vertragsbediensteten nicht.

5. Personalvertretung

Der für die Regelung des Dienstrechts zuständigen Gebietskörperschaft obliegt auch die Regelung der Personalvertretung. So gibt es für die Bundesbediensteten das **Bundes-Personalvertretungsgesetz 1967** (PVG).

- Entsprechend der Einteilung in Dienststellen und Zentralstellen (BKA, einzelne Bundesministerien) sind als Organe der Personalvertretung *Dienststellenausschüsse* (bei mindestens 20 Bediensteten) und *Zentralausschüsse* vorgesehen. Die Mitglieder werden durch die jeweilige Gruppe der Bediensteten für eine Periode gewählt.
- Die **Aufgaben** beziehen sich auf die *Wahrung und Förderung der beruflichen, sozialen und gesundheitlichen Interessen der Bediensteten* und die *Einhaltung der zugunsten der Bediensteten bestehenden Vorschriften*. Weiters stehen den Personalvertretungen bei personellen Maßnahmen konkrete Mitwirkungsrechte zu; zB die Verpflichtung des Dienstgebers, bei Auflösung eines Dienstverhältnisses durch Entlassung oder Kündigung, Verhandlungen mit der Personalvertretung mit dem Bemühen um eine Verständigung zu führen. Wird diese Bestimmung verletzt, kann die Auflösung des Dienstverhältnisses für rechtsunwirksam erklärt werden.
- Die Personalvertreter genießen besonderen Schutz; zB dürfen sie nur mit ihrer Zustimmung an eine andere Dienststelle versetzt werden.

Zusätzlich zu den Personalvertretungen bestehen auf überbetrieblicher Ebene noch die **Gewerkschaften**, deren Bedeutung im öffentlichen Dienst sehr hoch ist (zB die Gewerkschaft öffentlicher Dienst, GÖD).

B. Der Verwaltungsaufbau in Österreich

I. Bundesstaatlicher Aufbau

Zur Erledigung von Verwaltungsaufgaben steht nicht ein einheitlicher Organisationskomplex zur Verfügung; es werden durch Gesetz entweder der Bund, die Länder, die Gemeinden und andere Selbstverwaltungskörper oder sonstige juristische Personen des öffentlichen Rechts zur Vollziehung berufen.

Diese Rechtsträger sind ihrerseits vielfältig untergliedert. Bei der Verleihung von Organisationsgewalt an einen dieser Rechtsträger ist der Gesetzgeber an die Determinanten der Bundesverfassung, insbes an den bundesstaatlichen Charakter Österreichs, gebunden. Ausdruck des Bundesstaats sind va die Verteilung von Gesetzgebungs- und Vollzugskompetenzen zwischen dem Bund und den Ländern nach den Art 10 bis 15 B-VG sowie die Beteiligung der Länder am Vollzug von Bundesangelegenheiten.

II. Die Bundesverwaltung

1. Oberste Organe

a. Stellung der obersten Organe

Gem Art 69 Abs 1 B-VG sind mit den *obersten Verwaltungsgeschäften des Bundes*, soweit diese nicht dem **Bundespräsidenten** übertragen sind, der **Bundeskanzler**, der **Vizekanzler** und die übrigen **Bundesminister** betraut, die in ihrer Gesamtheit die Bundesregierung bilden. Dem einfachen Gesetzgeber ist es untersagt, andere als die verfassungsrechtlich vorgesehenen obersten Organe der Bundesverwaltung einzusetzen.

Die **Staatssekretäre** werden zwar in Art 19 B-VG unter den obersten Organen genannt, doch sind sie gem Art 78 Abs 3 B-VG den Bundesministern unterstellt und an deren Weisungen gebunden.

Die Qualifikation als oberste Organe bedeutet die *Kompetenz zur obersten und selbständigen Führung der Verwaltung*. Ihre Bindung an Willenserklärungen anderer Stellen durch einfaches Gesetz ist unzulässig; Ausnahmen müssen verfassungsgesetzlich abgesichert sein wie zB die Fälle des Art 67 Abs 1 letzter Satz B-VG im Rahmen des Vorschlagsrechts an den BPräs. Weiters sind die obersten Vollziehungsorgane weisungsfrei. Den obersten Organen kommt gegenüber den nachgeordneten Organen eine umfassende **Leitungsgewalt** zu. Damit können die obersten Organe Einfluss auf das Vollzugsverhalten der ihnen nachgeordneten Organe nehmen; im Gegenzug wird obersten Organen das Vollzugsverhalten nachgeordneter Organe zugerechnet und es trifft sie die parlamentarische Verantwortung dafür.

Die Leitungsgewalt umfasst folgende Komponenten:

- **Weisungsbefugnis:** Diese bildet den Schwerpunkt der Leitungsgewalt, weil sie den obersten Organen die Steuerung der Handlungen der untergeordneten Organe in unmittelbarer Weise garantiert;
- **Aufsichtsbefugnis:** Den obersten Organen kommt die organisations- und dienstrechtliche Aufsichtsbefugnis gegenüber ihren nachgeordneten Organen zu. Dies ermächtigt sie, sich jederzeit über die Verwaltungsführung zu informieren, um die ordnungsgemäße Erfüllung der dienstlichen Aufgaben zu überprüfen und gegebenenfalls die disziplinäre Verantwortung der Bediensteten geltend zu machen.
- **Organisationsgewalt** (s A.I.).

Die obersten Organe der Bundesverwaltung nehmen hinsichtlich der Art ihrer Tätigkeiten im Vergleich zu den übrigen Verwaltungsorganen eine **verwaltungsrechtliche Sonderstellung** ein. Nicht die gängigen verwaltungsrechtlichen Handlungsformen wie die Durchführung von Verwaltungsverfahren, die Erlassung von Bescheiden oder die Auseinandersetzung mit den Rechtsschutzmöglichkeiten der Rechtsunterworfenen bilden den Kern ihrer Tätigkeit, sondern die Behandlung *allgemein-politischer Fragen*. Die obersten Verwaltungsorgane haben grundsätzliche Entscheidungen über die Funktion und das Funktionieren des Staates zu treffen und sich mit der Führung und Effizienz der Verwaltung, der Steuerung der privatwirtschaftlichen Aktivitäten oder der vorausschauenden Gestaltung des Gemeinwesens auseinanderzusetzen.

Die Hauptlast der Entscheidungsfindung und beim Setzen von Initiativ-, Leitungs- und Koordinationsmaßnahmen liegt bei den einzelnen *sachlich zuständigen BM*, die dabei insbes die Aspekte der Zweckmäßigkeit, der politischen Vertretbarkeit und der Finanzierbarkeit zu berücksichtigen haben. Als erster

Schritt wird meist eine politische Entscheidung in der BReg (LReg) oder in den einzelnen Ressorts gesucht und anschließend die Umsetzung durch Rechtssetzungsinitiativen, entsprechende Anweisungen der Beamten, Suchen der finanziellen Deckung und den nötigen organisatorischen Vorkehrungen verwirklicht. Die Minderheit der nötigen Maßnahmen fällt dabei in die klassischen Handlungskategorien der Erlassung von Verordnungen oder Bescheiden oder unter den Begriff der Regierungsakte. Damit unterscheiden sich die Aufgaben der obersten Organe im Wesentlichen vom Gesetzesvollzug durch die übrigen Verwaltungsorgane.

b. Bundespräsident

Der BPräs ist ein **monokratisches Organ** mit einem verfassungsrechtlichen Aufgabenschwerpunkt. Spezifisch verwaltungsrechtlicher Natur sind seine *Kompetenz* zur Ernennung von anderen obersten Organen und von Beamten, die Schaffung und Verleihung von Berufstiteln und sein Recht zur Erlassung von Notverordnungen.

Trotz der traditionellen Bezeichnung der Akte des BPräs als **Entschließungen** handelt es sich dabei je nach Adressatenkreis um die rechtliche Natur eines Bescheids oder einer Verordnung, nicht aber um einen Akt sui generis. Die individuellen Entschließungen ergehen in Form von *Intimationsbescheiden*; das heißt, dass sie dem Adressaten nicht durch den Bundespräsidenten (oder seiner Dienststelle Präsidentschaftskanzlei), sondern mittels Ausfertigung des sachlich zuständigen BM oder einer anderen zuständigen Behörde bekanntgegeben werden.

Die **Aufgaben** des BPräs sind verfassungsrechtlich mit einer Ausnahme taxativ geregelt. Art 65 Abs 3 B-VG ermächtigt den einfachen Gesetzgeber, in einem sachlich beschränkten Bereich weitere Kompetenzen (zB Gewährung von Ehrenrechten, Zuwendungen und Versorgungsgenüssen und weitere Befugnisse in Personalangelegenheiten) zu schaffen. Daher ist sein Handeln weitgehend verfassungsunmittelbar. Eine *Delegation* der Aufgaben des BPräs ist nur nach der Maßgabe des Art 66 B-VG, also hinsichtlich der Ernennung von Bundesbeamten und des Abschlusses von Staatsverträgen, möglich.

Als bürokratischer Hilfsapparat des BPräs fungiert die *Präsidentschaftskanzlei.*

c. Bundesregierung

Die BReg ist ein **Kollegialorgan**, das sich aus den Bundesministern zusammensetzt und unter dem Vorsitz des Bundeskanzlers (Stellvertreter: Vizekanzler) als „Ministerrat“ tagt.

Der **Bundeskanzler** wird vom BPräs ernannt und ist aus verwaltungsrechtlicher Sicht der mit der Leitung des Bundeskanzleramtes betraute BM. Der Vorsitz innerhalb der BReg bringt keinerlei Weisungsbefugnis oder sonstige Überordnung gegenüber den Mitgliedern der BReg, der BK ist primus inter pares. Seine Machtstellung ergibt sich vielmehr aus seiner Befugnis, die personelle Zusammensetzung der BReg aufgrund seines Vorschlagsrechtes an den BPräs zu steuern, weiters aus seiner faktischen Machtstellung als Vorsitzender der in der Regel stärksten politischen Partei. Zudem vertritt der BK Österreich in der EU durch seinen Sitz im Europäischen Rat. Eine Richtlinienkompetenz wie die des deutschen BK sieht die österreichische Bundesverfassung nicht vor.

Der **Vizekanzler** wird vom BPräs aus der Ministerriege ernannt und hat die Funktion des Vertreters des Bundeskanzlers.

Zur **Organisation** der BReg enthält das B-VG keine weiteren Regelungen (auch die Anzahl der Mitglieder ist nicht bestimmt), es enthält auch keine Ermächtigung zur Erlassung einer Geschäftsordnung. Wem die Organisationsgewalt zur Klärung dieser Fragen zukommt, bleibt daher unklar. Die Folge ist, dass es keine amtlich publizierte Geschäftsordnung der BReg gibt. Mit Neufassung des Art 69 Abs 3 B-VG durch BGBl I 2020/16 ist nunmehr die Frage der erforderlichen Quoren für eine Beschlussfassung der BReg geregelt worden. Demnach fasst die BReg ihre Beschlüsse einstimmig. Eine Beschlussfassung im Umlaufweg ist zulässig; bei persönlichem Zusammentreten der BReg ist die Beschlussfähigkeit gegeben, wenn mehr als die Hälfte ihrer Mitglieder anwesend ist.

Ihre **Kompetenzen** erhält die BReg einenteils ausdrücklich von der Bundesverfassung (zB das Einbringen von Gesetzesvorschlägen in den Nationalrat in Form von Regierungsvorlagen gem Art 41 Abs 1 B-VG oder die Antragslegitimation beim VfGH betreffend die Anfechtung von Landesgesetzen gem Art 140 Abs 1 B-VG) zugewiesen, anderenteils aus einfachen Bundesgesetzen. Die übrigen obersten Verwaltungsgeschäfte, die nicht ausdrücklich dem BPräs oder der BReg zugewiesen sind, werden gemäß dem Ressortprinzip vom sachlich zuständigen BM besorgt. Eine *Delegation* der verfassungsrechtlich übertragenen Agenden ist der BReg – auch an einzelne Minister – verwehrt, während die einfachgesetzlich zugewiesenen Kompetenzen an die sachlich zuständigen Minister gem § 3 Abs 2 BMG abgetreten werden können.

Die BReg hat nur wenige Befugnisse, Bescheide zu erlassen. Von größerer Relevanz sind demgegenüber die sog **Ministerratsbeschlüsse der BReg**, welche Beschlüsse zu allgemein-politischen Fragen beinhalten.

Beispiel: Der Ministerrat tagt in regelmäßigen (meist ein- bis zweiwöchigen) Abständen. In den Sitzungen werden die Themen, die dem Nationalrat zur Behandlung vorgelegt werden, beschlossen; zB zum Thema der Erbrechtsreform oder zur Novellierung des Fremdenrechts.

d. Bundesminister

Die **Bundesminister** sind monokratische Organe, deren Organwalter vom BPräs auf Vorschlag des BK ernannt werden. Sie sind neben ihrer Tätigkeit als Mitglied des Kollegialorgans BReg die Leiter eines Bundesministeriums (eine Ausnahme sind die sog *Minister ohne Portefeuille*, also ohne Betrauung mit einem Ministerium). Die Bundesministerien sind der Behörde Bundesminister als bürokratischer *Hilfsapparat* beigegeben und haben als solche keine selbständige Entscheidungsbefugnis. Die Dienststelle des BK trägt den Namen Bundeskanzleramt. Innerhalb der Ministerien wird weiter in Sektionen, Abteilungen, Gruppen und Referate gegliedert.

Dem BM steht das *„Kabinett"*, ein Ministerbüro als sein internes Hilfsorgan, zur Verfügung. Dieses besteht aus Beamten oder Vertragsbediensteten, die aufgrund einer Dienstzuteilung oder eines kurzfristigen Vertrages den jeweiligen Minister unterstützen. Bei einem Wechsel der BReg oder des Ministers kehren sie meist an den angestammten Arbeitsplatz – innerhalb oder außerhalb des öffentlichen Dienstes – zurück.

Die **Kompetenzen der einzelnen Minister** ergeben sich entweder aus dem Bundesverfassungsrecht (zB Art 51a Abs 1 B-VG richtet sich an den Finanzminister, Art 78a Abs 1 B-VG an den Innenminister) oder – wie Art 77 Abs 2 B-VG vorgibt – aus einfachem Bundesgesetz. Insbesondere ist hier das **BundesministerienG 1986 (BMG)** zu nennen, das in seinem § 1 Abs 1 neben dem Bundeskanzleramt die Ministerien aufzählt. Eine Novellierung von § 1 Abs 1 BMG findet praktisch mit jeder neuen Regierungsperiode statt, weil die Ministerien neu benannt und Kompetenzen teilweise verschoben werden (zuletzt durch BGBl I 2022/98).

Weiters regelt das BMG insbes die innere Organisation der Ministerien und ihren **Wirkungsbereich**:

- Der *allgemeine Wirkungsbereich* der BM – der sämtliche BM in gleicher Weise trifft – setzt sich aus den in § 3 und in Teil 1 (Anlage zu § 2) BMG aufgezählten Angelegenheiten zusammen. Darunter fallen Agenden wie Sekretariats-, Repräsentations-, Personal- und Haushaltsangelegenheiten oder Informationstätigkeiten.

- Der *besondere Wirkungsbereich* der einzelnen BM umfasst die in Teil 2 (Anlage zu § 2) BMG angeführten konkreten Aufgaben. Eine wesentliche Aufgabe der BM besteht in der Führung und im Management der Bundesministerien, um eine effiziente und flexible Aufgabenerfüllung sicherzustellen (§ 7 BMG).
- Weiters obliegt dem BM die Steuerung der Tätigkeiten der Bediensteten der nachgeordneten Dienststellen durch organisatorische und personelle Maßnahmen (§ 4 BMG).

Aus § 2 Abs 1 Z 1 lit b BMG ergibt sich klar, dass die Kompetenzen der Minister im BMG keineswegs abschließend geregelt werden, vielmehr können sich laut ausdrücklichem Hinweis weitere Zuständigkeiten aus anderen Normen ergeben.

In Verfahren zur Bescheiderlassung haben die BM die allgemeinen Verwaltungsverfahrensbestimmungen (AVG, VStG, VVG) anzuwenden. Das gilt auch, wenn die BM als sachlich in Betracht kommende Oberbehörden (§ 68 Abs 2 AVG) den Bescheid einer nachgeordneten Behörde amtswegig abändern oder aufheben.

Exkurs: In § 2 Abs 3 BMG stößt man auf den Begriff der **Regierungsakte**, die hierin gemeinsam mit den Verwaltungsakten im engeren Sinn und den privatwirtschaftlichen Akten zu den Geschäften der obersten Bundesverwaltung erklärt werden. Traditionell versteht die hL und Jud unter Regierungsakten jene Akte von Regierungsorganen, die unmittelbar aufgrund der Verfassung erlassen werden und die sich intern an andere Organe richten *(verfassungsunmittelbare Interorganakte)*. Unmittelbare Rechte und Pflichten für die Rechtsunterworfenen können durch Regierungsakte nicht geschaffen werden (Regierungsakte haben keine Außenwirkung wie etwa der Bescheid).

Unter diesen Begriff fallen zB Regierungsvorlagen der BReg (LReg), Einsprüche der BReg gegen ein Landesgesetz, Einberufung oder Auflösung des Nationalrats durch den BPräs, gegenseitige Anfechtungen von Gesetzen und Verordnungen durch die BReg und die LReg oder die Vertretung angefochtener Gesetze und Verordnungen vor dem VfGH. Die Regierungsakte gehören zum Bereich der Hoheitsverwaltung und haben politische Bedeutung. Insbes den *Regierungsvorlagen* kommt eine zentrale Stellung zu, weil sie als Vorlage für ein neues Gesetz dem Nationalrat zur Beschlussfassung vorgelegt werden.

Zu beachten ist, dass die Aufzählung in § 2 Abs 3 BMG, welche die Setzung von Regierungs-, Hoheits- und Privatrechtsakten zu den Tätigkeiten der obersten Bundesverwaltung erklärt, keine abschließende ist. Ein Gutteil der täglich anfallenden Geschäfte für die obersten Verwaltungsorgane findet außerhalb dieser Handlungskategorien statt.

e. Weitere oberste Organe des Bundes

Einigen Organen kommt nur hinsichtlich ganz spezifischer Funktionen die Stellung eines obersten Organs zu – so den Präsidenten des Nationalrates (Art 30 Abs 6 B-VG) und des Rechnungshofs (Art 125 Abs 3 B-VG) oder den Präsidenten von VwGH und VfGH insbes in Bezug auf die Diensthoheit gegenüber den jeweiligen Bediensteten.

2. Die übrige Bundesverwaltung

Unterhalb der Ebene der obersten Organe kann die Bundesverwaltung in mittelbarer oder unmittelbarer Form vorgenommen werden. Die Regel ist die mittelbare Bundesverwaltung, bei der organisatorische Landesbehörden Angelegenheiten des Bundes besorgen und somit funktionell als Bundesbehörde tätig werden. Demgegenüber ist die Besorgung durch eigene (organisatorische) Bundesbehörden –

ohne Zustimmung der Länder (Art 102 Abs 4 B-VG) – nur in den in Art 102 Abs 2 B-VG genannten Angelegenheiten verfassungsrechtlich zulässig. In diesem Fall spricht man von unmittelbarer Bundesverwaltung.

a. Unmittelbare Bundesverwaltung

Im Rahmen der in Art 102 Abs 2 B-VG aufgelisteten Materien hat der Bund die Möglichkeit, **eigene Behörden** in Unterordnung unter die obersten Bundesbehörden zu schaffen und diese Angelegenheiten unmittelbar – also *„selbst" über bundeseigene Dienststellen* – zu besorgen. Entsprechend dem Katalog in Art 102 Abs 2 B-VG gibt es eine Vielfalt an Bundesbehörden und -ämtern mit je unterschiedlichem Aufbau und territorialem Wirkungsbereich, wie zB Landespolizeidirektionen, Bundesdenkmalamt, Arbeitsmarktservice, Bundeswettbewerbsbehörde, Bundesamt für Fremdenwesen und Asyl, Finanzämter oder auch Selbstverwaltungskörper wie die Kammern und Universitäten.

Beachte: Der Bund kann jedoch auf die Möglichkeit der Einrichtung von eigenen Bundesbehörden zur Vollziehung der in Art 102 Abs 2 B-VG aufgezählten Angelegenheiten gem Abs 3 verzichten und sie im Wege der mittelbaren Bundesverwaltung vollziehen lassen.

Mit Einführung der zweistufigen Verwaltungsgerichtsbarkeit wurde der bis dahin allenfalls bestehende Instanzenzug von der erst- zur höherinstanzlichen Bundesbehörde bis zum zuständigen BM abgeschafft; seither ist als Rechtsmittel gegen Verwaltungsakte einer Bundesbehörde die **Beschwerde an das Bundesverwaltungsgericht** vorgesehen.

Das Bundesverwaltungsgericht entscheidet gem Art 131 Abs 2 B-VG über Beschwerden in Angelegenheiten der Bundesvollziehung, die unmittelbar von Bundesbehörden besorgt werden. Entscheidend ist nicht die Zuordnung der Aufgabe zur unmittelbaren Bundesverwaltung (oder die Nennung in Art 102 Abs 2 B-VG), sondern ob die Angelegenheit *tatsächlich von Bundesbehörden unmittelbar besorgt wird.* ZB ist dies bei der Vollziehung des TelekommunikationsG, des WettbewerbsG, des UniversitätsG, des AsylG 2005 oder des FremdenpolizeiG der Fall. Siehe zum Bundesverwaltungsgericht unten.

aa. Sicherheitsverwaltung

Aufgrund ihrer Bedeutung und eigenartigen – verfassungsrechtlich vorgegebenen – Konstruktion ist die Sicherheitsverwaltung als Beispiel für die in Art 102 Abs 2 B-VG aufgezählten Aufgaben herauszugreifen und etwas eingehender darzustellen.

In Art 10–15 B-VG wird zwischen der Sicherheits- und der Verwaltungspolizei unterschieden:

- Aufgabe der **Sicherheitspolizei** ist zum einen die *Aufrechterhaltung der öffentlichen Ruhe, Ordnung und Sicherheit,* dh die Vermeidung von allgemeinen – also nicht für eine bestimmte Materie typischen – Gefahren und zum anderen die aushilfsweise Bekämpfung von besonderen Gefahren, wenn die zuständige Verwaltungsbehörde nicht eher einschreiten kann (Erste allgemeine Hilfeleistungspflicht). Die Sicherheitspolizei teilt sich in die **allgemeine** (überörtliche Sicherheitspolizei gem Art 10 Abs 1 Z 7 B-VG) und in die **örtliche** Sicherheitspolizei, die gem Art 15 Abs 2 B-VG in Gesetzgebung Landessache ist, von der Gemeinde gem Art 118 Abs 3 Z 3 B-VG im eigenen Wirkungsbereich vollzogen wird und die *gemeindespezifische* allgemeine Gefahrenabwehr und -bekämpfung umfasst.
- Die **Verwaltungspolizei** hat die Vermeidung und Bekämpfung von Gefahren zum Gegenstand, die mit einer *bestimmten Kompetenzmaterie* zusammenhängen; zB Straßen- Gewerbe- oder Bergpolizei.

Auch hier gibt es einerseits die **überörtliche** Verwaltungspolizei, die sich auf die nichtgemeindespezifischen Gefahrenaspekte konzentriert. Ihre gesetzliche Regelung obliegt dem jeweiligen Materiengesetzgeber, die Vollziehung grundsätzlich den sachlich zuständigen Behörden und teilweise den Sicherheitsverwaltungsorganen. Andererseits vollzieht die **örtliche** Verwaltungspolizei Angelegenheiten, die der jeweilige Gesetzgeber in den eigenen Wirkungsbereich der Gemeinde verwiesen hat und mit denen gemeindespezifische Gefahren verbunden sind (zB Veranstaltungs-, Sittlichkeits-, Baupolizei). Ihre Organe sind von der Gemeinde zu stellen (Ausnahme gem Art 15 Abs 3 B-VG).

Die **Organisation der Sicherheitsbehörden** ist in den Art 78a–78d B-VG vorgegeben und im Sicherheitspolizeigesetz (SPG) konkretisiert. Gem § 2 SPG obliegen den Sicherheitsbehörden zur Vollziehung die Angelegenheiten der allgemeinen Sicherheitspolizei und die in Abs 2 genannten Aufgaben der überörtlichen Verwaltungspolizei (Pass- und Meldewesen, Pressewesen, Waffenwesen, Vereins- und Versammlungswesen oder Fremdenpolizei).

Die Organisation der Sicherheitsbehörden wurde im Zuge der Verwaltungsgerichtsbarkeits-Novelle 2012 neu strukturiert. Die bisherigen 9 Sicherheitsdirektionen, 14 Bundespolizeidirektionen und neun Landespolizeikommanden wurden zu **neun Landespolizeidirektionen zusammengeführt.** Diese sind monokratisch organisiert. Durch die damit verbundene Reduktion der sicherheitsbehördlichen Organisationseinheiten von 31 auf neun sollen die sicherheitsbehördlichen Strukturen schlanker und effizienter gestaltet werden.

Sicherheitsbehörden sind dreigliedrig organisiert: Höchste Behörde ist der Innenminister (im Ministerium ist dafür eine eigene Sektion – die Generaldirektion für öffentliche Sicherheit – eingerichtet). Ihm sind die Landespolizeidirektionen untergeordnet, diesen wiederum die Bezirksverwaltungsbehörden.

Die Sicherheitsverwaltung wird regelmäßig – so auch hier – als Beispiel der unmittelbaren Bundesverwaltung angeführt. Genau genommen erfolgt die Besorgung der Aufgaben jedoch nicht in allen Instanzen von „echten" Bundesbehörden, weil auf der untersten Ebene durch die Heranziehung der Bezirksverwaltungsbehörden Landes- und Gemeindebehörden (BH bzw Bgm in Städten mit eigenem Statut) aktiv werden. Erst ab der Ebene der Landespolizeidirektionen sind Bundesbehörden (im organisatorischen Sinn) tätig. Allerdings erlaubt Art 78c B-VG die Einsetzung der Landespolizeidirektionen als Sicherheitsbehörden erster Instanz (und damit die Ausschaltung der BVB). § 8 SPG sieht dies für eine Reihe von Städten vor (zB Wien, OÖ: Linz, Wels, Steyr). Hier erfolgt die Besorgung der Sicherheitsverwaltung in **unmittelbarer Bundesverwaltung**, in den übrigen Gemeinden erfolgt die Besorgung durch eine **„Mischform von mittelbarer und unmittelbarer Bundesverwaltung"**. Aufgrund der Beteiligung von Landes- bzw Gemeindebehörden wird die Angelegenheit der Sicherheitsverwaltung tatsächlich nicht ausschließlich von Bundesbehörden besorgt, sodass gemäß der Generalklausel in Art 131 Abs 1 B-VG die **Landesverwaltungsgerichte** für Beschwerden gegen Bescheide/Maßnahmen der Sicherheitsbehörden zuständig sind. Dies trifft nach derzeitigem Stand nicht nur für Rechtsmittel gegen den Akt einer Bezirksverwaltungsbehörde zu, sondern auch dann, wenn sich das Rechtsmittel gegen den Akt einer Landespolizeidirektion (= Bundesbehörde) richtet, weil eine Materie stets zur Gänze an das Bundesverwaltungsgericht oder an die Landesverwaltungsgerichte verwiesen wird.

Zur Besorgung des Exekutivdienstes (Streifen, Ermittlungen udgl) sind den Sicherheitsbehörden die **Organe des öffentlichen Sicherheitsdienstes** beigegeben. Zentrales Organ ist der *Wachkörper Bundespolizei*, der als Hilfsorgan für die Behörde agiert und dessen Verhalten der Behörde zuzurechnen ist. Die Länder müssen mangels eigener Kompetenz, Wachkörper zu bilden, die Bundesorgane heranziehen (Art 97 Abs 2 B-VG), während die Gemeinden eigene Gemeindewachkörper errichten können.

bb. Bundesfinanzverwaltung

Dem Finanzminister obliegt die Besorgung der Geschäfte der obersten Verwaltung des Bundes in Abgabensachen. Abgabenbehörden und Finanzstrafbehörden sind die Finanzämter und die Zollämter.

Mit der zu Jahresbeginn 2014 in Kraft getretenen Verwaltungsgerichtsbarkeits-Novelle 2012 wurden die bisherigen unabhängigen Finanzsenate (UFS) als Berufungsinstanz aufgelöst und durch das Bundesfinanzgericht abgelöst, das mit Beschwerde anzurufen ist.

b. Mittelbare Bundesverwaltung

Soweit nicht eigene Bundesbehörden bestehen, wird gem Art 102 Abs 1 B-VG die Bundesverwaltung durch den LH und die ihm unterstellten Behörden – also mittelbar über organisatorische Landesbehörden – besorgt. Die Landesbehörden werden hier *funktionell als Bundesbehörden* tätig. Es handelt sich dabei um Angelegenheiten, die nach der verfassungsrechtlichen Kompetenzverteilung – va Art 10 Abs 1 B-VG – in der Vollziehung Bundessache sind. Ihre Besorgung durch Landesbehörden erspart es dem Bund weitgehend, auf Landes- und Bezirksebene eigene Behörden zu errichten. Die mittelbare Bundesverwaltung bildet den Regelfall, der sämtliche Angelegenheiten umfasst, die nicht in der taxativen Aufzählung in Abs 2 der Vollziehung durch Bundesbehörden vorbehalten sind. Zentraler Träger der mittelbaren Bundesverwaltung ist der **LH**, der dabei an die *Weisungen der BReg* bzw des zuständigen BM gebunden ist. Der LH ist seinerseits weisungsberechtigt gegenüber den ihm unterstellten Bezirksverwaltungsbehörden.

Wegen des *sachlichen Zusammenhangs mit der Landesvollziehung* können Gruppen von Angelegenheiten der mittelbaren Bundesverwaltung von Mitgliedern der LReg im Namen des LH und in Weisungsbindung an den LH besorgt werden (Art 103 Abs 2 B-VG). Die Betrauung einzelner Landesräte geschieht mittels Zuweisung der betroffenen Agenden durch die Geschäftsordnung.

Gemäß der subsidiären Allzuständigkeit der **Landesverwaltungsgerichte** (Art 131 Abs 1 B-VG) sind diese für die Behandlung von Beschwerden gegen die Bescheide (Maßnahmen oder bei Säumnis) der Behörden (BVB oder LH), die im Rahmen der mittelbaren Bundesverwaltung tätig sind, zuständig.

Beispiel: Das Gewerberecht als Beispiel für die Vollziehung in mittelbarer Bundesverwaltung wurde bis zur Einführung der zweistufigen Verwaltungsgerichtsbarkeit von der Bezirksverwaltungsbehörde in erster Instanz und vom LH in zweiter Instanz besorgt. Bereits 2001 wurde durch § 359a GewO für das *Betriebsanlagenverfahren* der UVS statt des LH als Berufungsbehörde installiert. Mit Inkrafttreten der Verwaltungsgerichtsbarkeits-Novelle 2012 wurde der administrative Instanzenzug abgeschafft; gleichsam wurden die UVS aufgelöst. Seit diesem Zeitpunkt sind die Landesverwaltungsgerichte für die Behandlung von **Beschwerden** gegen Bescheide der Bezirksverwaltungsbehörden (bzw LH, falls dieser als einzige Instanz zuständig ist) in Angelegenheiten des Gewerberechts zuständig.

Die Landesverwaltungsgerichte haben als Rechtsmittelgericht im Betriebsanlagenverfahren in aller Regel in der Sache selbst zu entscheiden (vgl die Voraussetzungen gem § 28 Abs 2 VwGVG), sofern die belangte Behörde (idR Bezirksverwaltungsbehörde) dem nicht gem § 28 Abs 3 VwGVG widerspricht. Im Falle eines Widerspruchs (dem allerdings kaum praktische Bedeutung zukommt) wird das Gericht nur kassatorisch entscheiden und die Sache geht an die Bezirksverwaltungsbehörde zurück.

Im *gewerberechtlichen Berufsrecht* war bis zur Einführung der zweistufigen Verwaltungsgerichtsbarkeit der LH Berufungsinstanz nach den Bezirksverwaltungsbehörden. Durch die Abschaffung des administrativen Instanzenzuges sind nunmehr die Landesverwaltungsgerichte zur Behandlung von Beschwerden gegen die Bescheide der Bezirksverwaltungsbehörden zuständig. Der LH ist auf die Weisungsbefugnis gegenüber den untergeordneten Bezirksverwaltungsbehörden beschränkt.

c. Auftragsverwaltung

Für die nichthoheitliche Verwaltung des Bundes besteht kein vergleichbares Gebot zur Führung der Bundesverwaltung durch Organe des Landes wie bei der regulären mittelbaren Bundesverwaltung (Art 104 Abs 1 B-VG). Dem BM steht es aber gem Art 104 Abs 2 B-VG frei, auch die Besorgung privatwirtschaftlicher Aufgaben an Landesorgane zu übertragen. Dies geschieht meist über die Erlassung einer Verordnung, welche unmittelbar auf Art 104 Abs 2 B-VG gestützt ist (selbständige Verordnung).

3. Bundesverwaltungsgerichte

a. Organisation

Die Bundesverfassung sieht ein „9+2"-Modell vor: Neben den neun Verwaltungsgerichten der Länder bestehen zwei weitere erstinstanzliche (unterhalb der GHöffR tätige) Verwaltungsgerichte, nämlich das Bundesverwaltungsgericht und das Bundesfinanzgericht. Sie sind der **Staatsfunktion Gerichtsbarkeit** zuzuordnen, werden aber trotzdem hier behandelt, weil sie anstatt der bisherigen Berufungs(verwaltungs)behörden die Verwaltungsakte als Rechtsmittelinstanzen überprüfen.

- Das **Bundesverwaltungsgericht**: Es entstand aus dem aufgelösten Asylgerichtshof und tritt auch an die Stelle des Bundesvergabeamtes (und einer Reihe aufgelöster Bundesbehörden). Die Organisation der neuen Behörde ist im Bundesverwaltungsgerichtsgesetz (BVwGG; BGBl I 2013/10) geregelt, die anzuwendenden Verfahrensvorschriften sind dem Verwaltungsgerichtsverfahrensgesetz (VwGVG) zu entnehmen.
- Das **Bundesfinanzgericht**: Es entstand aus dem aufgelösten unabhängigen Finanzsenat. Die Organisation ist im Bundesfinanzgerichtsgesetz (BGBl I 2013/14) geregelt, die Verfahrensvorschriften sind der BAO zu entnehmen.

Die Mitglieder der VwG sind **Richter** und genießen als solche die richterlichen Garantien der Unabhängigkeit, Unabsetzbarkeit und Unversetzbarkeit (Art 134 Abs 7 B-VG).

> Das Bundesverwaltungsgericht hat seinen Sitz in Wien und verfügt über drei Außenstellen in Graz, Innsbruck und Linz. Der Präsident, der Vizepräsident und die Mitglieder werden vom Bundespräsidenten auf Vorschlag der BReg ernannt. Die BReg hat für die Mitglieder vom VwG (Personalsenat) einen **Dreiervorschlag** einzuholen. Für die Besetzung des Präsidenten und des Vizepräsidenten erstellt eine eigene Kommission einen Dreiervorschlag. Zuständig für das Dienstrecht der Richter ist die jeweilige Gebietskörperschaft (also beim Bundesverwaltungsgericht der Bund).

Das VwG entscheidet gem Art 135 Abs 1 B-VG gesetzlich durch **Einzelrichter**, sofern nicht einfachgesetzlich eine **Senat**szuständigkeit vorgesehen ist. Zusätzlich ist mit § 13 BVwGG das Amt des **fachkundigen Laienrichters** eingerichtet (§ 12 BVwGG). Gem Art 135a B-VG kann einfachgesetzlich nunmehr auch die Unterstützung von Richtern durch **Rechtspfleger** vorgesehen werden (die es bisher nur in der ordentlichen Gerichtsbarkeit gegeben hat); über die bloße Unterstützung hinaus kann diesen gem Art 135a B-VG auch die Besorgung einzelner Aufgaben übertragen werden, soweit diese ihrem Wesen nach geeignet sind, durch Rechtspfleger besorgt zu werden. Gegen Erkenntnisse/Beschlüsse eines Rechtspflegers sieht § 54 VwGVG das Rechtsmittel der Vorstellung an das zuständige Mitglied des VwG vor.

Es gibt eine **feste Geschäftsverteilung** (§ 15 BVwGG), in der jährlich die anfallenden Geschäfte und Aufgaben auf die Einzelrichter und Senate verteilt werden.

b. Zuständigkeit

Für das Bundesfinanzgericht legt Art 131 Abs 3 B-VG gesondert die Zuständigkeit für *öffentliche Abgaben* und das *Finanzstrafrecht* fest; darüber hinaus in gesetzlich festgelegten Fällen, soweit die Angelegenheiten unmittelbar von Abgaben- oder Finanzstrafbehörden des Bundes besorgt werden.

Die Abgrenzung der Zuständigkeiten zwischen dem Bundesverwaltungsgericht und der Verwaltungsgerichte der Länder erfolgt durch die **Generalklausel in Art 131 Abs 1 B-VG zugunsten der Länder** (subsidiäre Allzuständigkeit der Landesverwaltungsgerichte) **mit taxativen Ausnahmen für das Bundesverwaltungsgericht** in Art 131 Abs 2 B-VG und Gestaltungsmöglichkeiten des einfachen Bundes- und Landesgesetzgebers. Im Übrigen wird in vielen Materiengesetzen (also einfachgesetzlich) festgelegt, ob der Rechtszug zum Bundesverwaltungsgericht oder zu den Landesverwaltungsgerichten geht (zB § 7 BFA-VG und § 20g AuslBG die die Zuständigkeit des Bundesverwaltungsgerichts vorsehen oder § 9 VerG und § 13 MeldeG, die den Rechtszug zu den Landesverwaltungsgerichten normieren).

Gem Art 131 Abs 2 B-VG werden Angelegenheiten der **unmittelbaren Bundesverwaltung**, welche auch *tatsächlich unmittelbar von einer Bundesbehörde besorgt* werden, in die Zuständigkeit des Bundesverwaltungsgerichts verwiesen (zB Fremden- und Asylrechtssachen, die erstinstanzlich vom Bundesamt für Fremdenwesen und Asyl besorgt werden; weiters das öffentliche Auftragswesen, soweit dessen Vollziehung Bundessache ist, und die Zuständigkeit über Streitigkeiten in dienstrechtlichen Angelegenheiten der öffentlichen Bediensteten des Bundes).

Für alle Verwaltungsgerichte gilt, dass sie gem Art 130 Abs 1 B-VG über **Beschwerden** erkennen:

- gegen den Bescheid einer Verwaltungsbehörde wegen Rechtswidrigkeit (Z 1),
- gegen die Ausübung unmittelbarer verwaltungsbehördlicher Befehls- und Zwangsgewalt („Maßnahme"; Z 2),
- wegen Verletzung der Entscheidungspflicht einer Verwaltungsbehörde („Säumnis"; Z 3),

Stammt die Materie aus der unmittelbaren Bundesverwaltung	→	Bundesverwaltungsgericht,
aus der mittelbaren Bundesverwaltung/Landesverwaltung	→	Landesverwaltungsgerichte,
aus dem öffentlichen Abgaben-/Finanzstrafrecht	→	Bundesfinanzgericht

Nach Art 15 Abs 7 B-VG können die Landesgesetzgeber, aber auch die im Bereich der Vollziehung der Länder eingerichteten Behörden ihre jeweiligen Rechtsvorschriften im RIS kundmachen (etwa Bezirksverwaltungsbehörden, Gemeinden und Gemeindeverbände sowie von den Ländern eingerichtete Selbstverwaltungskörper).

Art 130 Abs 2 Z 1 bis 4 B-VG enthält Ermächtigungen des einfachen Bundes- und Landesgesetzgebers, in bestimmten Angelegenheiten die Zuständigkeit des VwG vorzusehen. Am relevantesten ist hier die – in der Lit als „Verhaltensbeschwerde" bezeichnete – Beschwerde wegen Rechtswidrigkeit eines Verhaltens einer Verwaltungsbehörde in Vollziehung der Gesetze nach Z 1.

III. Die Landesverwaltung

Das B-VG regelt die Landesverwaltung durch ihre obersten Organe nicht so ausführlich wie jene des Bundes, um der relativen Verfassungsautonomie der Länder gem Art 99 Abs 1 B-VG Rechnung zu tragen. Bundesverfassungsrechtlich vorgegeben ist die Stellung der LReg als oberstes Organ der Landesvollziehung und ihre Zusammensetzung. Da sämtliche Landesverfassungen das *Ressortsystem* (monokratische Entscheidungsbefugnis einzelner Mitglieder der LReg) eingerichtet haben, sind auch die einzelnen Landesräte und der LH als Mitglieder der LReg mit spezifischen Aufgaben als oberste Landesorgane zu betrachten.

Die LReg, der LH und die Landesräte sind gleichrangig und wechselseitig nicht zur Weisungserteilung berechtigt.

1. Landesregierung

Die LReg ist ein **Kollegialorgan** mit dem LH als Vorsitzenden, den LH-Stellvertretern und den Landesräten als Mitgliedern. In den jeweiligen Landesverfassungen werden die genaueren Regelungen hinsichtlich der Bildung der LReg, des Amtsantritts, des Amtsverlustes oder der Abstimmungsquoren getroffen. Die LReg wird vom Landtag gewählt.

Ihre **Kompetenzen** ergeben sich einerseits aus dem *Verfassungsrecht*: Das B-VG erklärt zB in den Art 139 Abs 1 Z 5 und 140 Abs 1 Z 2 zur Anfechtung von Normen beim VfGH ausdrücklich die LReg für zuständig. Die einzelnen Landesverfassungen übertragen den LReg zB Kompetenzen zur Ausschreibung der Landtagswahl oder zur Einbringung von Gesetzesvorschlägen und Budgetvoranschlägen. Andererseits enthalten *einfache Gesetze* wie Bundesgesetze aufgrund von Art 11 B-VG, Landesgesetze aufgrund Art 12 und 15 B-VG Kompetenzen der LReg. Die Zuweisung der Aufgaben innerhalb der LReg erfolgt insbes durch ihre eigene *Geschäftsordnung*. Die einzelnen Mitglieder der LReg sind zur selbständigen Erledigung berufen, soweit nicht eine kollegiale Beschlussfassung vorgeschrieben ist. Die Geschäftsordnung hat zuständigkeitsbegründenden Inhalt und ist insoweit eine verfassungsunmittelbare Verordnung.

Als bürokratischer Hilfsapparat ist der LReg das **Amt der Landesregierung** beigegeben, dessen Vorstand der LH ist und unter dessen Aufsicht der Landesamtsdirektor die Leitung des inneren Dienstes innehat. In fachlicher Hinsicht ist das Amt in Angelegenheiten der Landesvollziehung an die Weisungen der LReg oder des ressortzuständigen Landesrats gebunden, in Angelegenheiten der mittelbaren Bundesverwaltung an diejenigen des LH. Als Ausnahme sah § 1 Oö AgrarbehördenG vor, dass dem Amt der LReg in Angelegenheiten der Bodenreform selbst Behördenqualität zukam, was jedoch mit der Verwaltungsgerichtsnovelle 2012 entfallen ist.

2. Landeshauptmann

Neben seiner Funktion als *Mitglied und Vorsitzender der LReg* verfügt der LH über spezifische verfassungsrechtliche (Außenvertretung, Gesetzesbeurkundung) und verwaltungsrechtliche Funktionen, wie die Trägerschaft der mittelbaren Bundesverwaltung, die dienstrechtliche Leitung des Amts der LReg und der BH sowie die Zuständigkeit für jene Aufgaben, die ihm, wie den anderen Mitgliedern der LReg, als Landesorgan durch die Geschäftsordnung zugewiesen werden. Weiters sind die BM gem Art 104 Abs 2 B-VG ermächtigt, ihren Bereich der Privatwirtschaftsverwaltung in die mittelbare Bundesverwaltung – also unter Weisungsbindung in die Kompetenz des LH und der ihm unterstellten Behörden – zu übertragen **(Auftragsverwaltung)**.

3. Landesräte

Den Landesräten kommt eine Doppelfunktion als *Mitglied des Kollegialorgans LReg* und als *monokratisches Organ* für die nach der Geschäftsverteilung in die alleinige Zuständigkeit verwiesenen Angelegenheiten zu. Die Agenden der Landesverwaltung sind weisungsfrei und in eigener rechtlicher und politischer Verantwortung wahrzunehmen. Üben sie auch Agenden der mittelbaren Bundesverwaltung aus, so haben sie diese in Bindung an die Weisungen des LH wahrzunehmen.

Als Ausgleich für die allgemeine Unzulässigkeit der *Delegation* ihrer Kompetenzen sind alle obersten Landesorgane ermächtigt, Beamte nach der Vorgabe der Geschäftsordnung mandatsweise mit der Erledigung von Angelegenheiten, ausgenommen der verfassungsrechtlich übertragenen Kompetenzen, zu betrauen **(internes Mandat)**.

4. Bezirksverwaltungsbehörden

Die Aufgaben der Landesverwaltung werden im Allgemeinen in Unterordnung unter die LReg bzw den LRat von den Bezirksverwaltungsbehörden wahrgenommen. Der Begriff der Bezirksverwaltungsbehörde umfasst die *Bezirkshauptmannschaften* (BH) und *in Städten mit eigenem Statut die Bürgermeister*, denen der Magistrat als Hilfsapparat zur Verfügung steht.

Die BH sind monokratisch organisiert; an ihrer Spitze steht der beamtete rechtskundige Bezirkshauptmann, der für die gesamte Geschäftsführung verantwortlich ist und in dessen Namen die Entscheidungen der BH ergehen. Als Vorstand des Amts der LReg ist der LH dem Bezirkshauptmann in Bezug auf den inneren Dienst übergeordnet und der LH ist auch für die organisatorische Gliederung der BH zuständig. Zur Ernennung des Bezirkshauptmanns ist die LReg zuständig. Die in den Statutarstädten (in OÖ: Linz, Wels und Steyr) für die Agenden der Bezirksverwaltung eingerichteten Magistrate stehen unter der Leitung des Bürgermeisters. Die Magistrate sind (mit Ausnahme des eigenen Wirkungsbereichs der Gemeinde) lediglich Hilfsapparat; Bezirksverwaltungsbehörde ist der Bürgermeister.

Die Bezirksverwaltungsbehörden sind nach dem territorialen Prinzip eingerichtete Dienststellen, die in ihrem örtlichen Wirkungsbereich eine **subsidiäre erstinstanzliche Allzuständigkeit** in der Landes- und mittelbaren Bundesverwaltung (inkl Sicherheitsverwaltung, soweit nicht die LPD Sicherheitsbehörde erster Instanz ist) innehaben. Eine Ausnahme von der Allzuständigkeit bildet die Einrichtung der Grundverkehrs- und Agrarbehörden.

5. Mittelbare Landesverwaltung durch Organe des Bundes

Die Landesgesetze können nach Art 97 Abs 2 B-VG die Mitwirkung von Bundesorganen an der Vollziehung vorsehen, sofern die Zustimmung der BReg vorliegt. Die Bundesorgane besorgen die betreffenden Tätigkeiten in Unterordnung (und Weisungsbindung) unter die LReg bzw den zuständigen LRat. Das praktisch wichtigste Beispiel ist die Mitwirkung der polizeilichen Exekutivorgane des Bundes.

Beispiele: Gemäß § 10 Abs 1 Oö PolStG sind bestimmte Verwaltungsübertretungen nach diesem Gesetz von der LPD OÖ zu ahnden (zB ungebührliche Erregung störenden Lärms, Bettelei oder Verletzung des öffentlichen Anstands).

Der LPD Wien obliegt ua die Anordnung oder Bewilligung einer besonderen Überwachung (§ 38 Abs 2 Z 13 Wr Veranstaltungsgesetz 2020) sowie die Ahndung von bestimmten Verwaltungsübertretungen (Z 12). Weiters kann die LPD Wien auch nach § 11 Wr Tierhaltegesetz Organstrafverfügungen verhängen, wenn jemand keine Bestätigung über die positive Absolvierung der Hundeführscheinprüfung oder keinen amtlichen Lichtbildausweis mitführt oder diese auf Verlangen der Organe nicht aushändigt (vgl § 13 Abs 1 Z 4 Wr Tierhaltegesetz).

6. Landesverwaltungsgerichte

Mit Inkrafttreten der Verwaltungsgerichtsbarkeits-Novelle 2012 haben die neun Landesverwaltungsgerichte die bis dahin bestehenden UVS in den Ländern abgelöst.

Im Gegensatz zu den mit der Einführung der zweistufigen Verwaltungsgerichtsbarkeit aufgelösten UVS gehören die Landesverwaltungsgerichte zwar zur Vollziehung der Länder, doch nicht zur Staatsfunktion Verwaltung, sondern zur **Gerichtsbarkeit**. Mit dem Inkrafttreten der Verwaltungsgerichtsbarkeits-Novelle 2012 ist es daher in der Rechtsmittelinstanz zu einem Wechsel der Staatsfunktionen gekommen und nehmen erstmals auch die Landesorgane an der Gerichtsbarkeit teil. Die Mitglieder der Landesverwaltungsgerichte sind – genauso wie die Richter an den beiden Verwaltungsgerichten des Bundes – **Richter** mit den damit verbundenen verfassungsrechtlichen Garantien der Weisungsfreiheit, Unabhängigkeit, Unabsetzbarkeit und Unversetzbarkeit und dem Prinzip der festen Geschäftsverteilung. Die Richterstellen werden ausgeschrieben, anschließend erstellt der Personalsenat des VwG einen **Dreiervorschlag** (ohne Bindungswirkung), welcher der LReg vorgelegt wird. Die LReg (als Kollegium) ernennt den Richter.

Die Organisation der Landesverwaltungsgerichte obliegt gem Art 15 Abs 1 B-VG den Ländern, die ihre jeweiligen Organisationsgesetze zu erlassen haben. So wurde in OÖ das Oö LandesverwaltungsgerichtsG (Oö LVwGG, LGBl 2013/9) erlassen. Auch für das Dienstrecht sind die Länder zuständig.

Wie bereits beim Bundesverwaltungsgericht dargestellt, wird jährlich eine **feste Geschäftsverteilung** festgelegt, welche die Aufgaben an die Richter zuweist. Das VwG entscheidet ebenso gesetzlich durch einen **Einzelrichter** oder bei entsprechender gesetzlicher Vorgabe durch einen **Senat**. Es können ebenfalls fachkundige Laienrichter beigezogen oder Rechtspflegern einzelne, ihrem Wesen nach geeignete Aufgaben zugewiesen werden.

Die Landesverwaltungsgerichte verfügen gem der **Generalklausel in Art 131 Abs 1 B-VG** über eine subsidiäre Allzuständigkeit mit taxativen Ausnahmen zugunsten des Bundesverwaltungsgerichts (dies gilt insbes für die Angelegenheiten der unmittelbaren Bundesverwaltung). Im Wesentlichen sind die Verwaltungsgerichte der Länder daher für Beschwerden gegen die nun zugleich erst- und letztinstanzlichen Bescheide aus der mittelbaren Bundesverwaltung und der Landesverwaltung zuständig.

IV. Die Selbstverwaltung

1. Wesentliche Merkmale der Selbstverwaltung

Unter Selbstverwaltung ist die Besorgung öffentlicher Aufgaben einschließlich hoheitlicher Aufgaben durch eigene Rechtsträger (neben Bund und Ländern) zu verstehen. Zu den allgemeinen Kriterien siehe oben A.V.2.

2. Die Gemeindeselbstverwaltung

Die kommunale Selbstverwaltung ist in den Art 115 bis 120 B-VG verfassungsrechtlich verankert. Die Ausgestaltung hinsichtlich der Organisation und des Aufgabenbereichs obliegt den vom Landesgesetzgeber zu erlassenden Gemeindeordnungen und Stadtstatuten.

Die Gemeinden sind neben Bund und Ländern **Gebietskörperschaften**, die als selbständige Wirtschaftskörper mit voller Privatrechtsfähigkeit ausgestattet sind (Art 116 Abs 2 B-VG). Die Bundesverfassung geht vom Leitbild einer **abstrakten Gemeinde** aus, ohne bei der Zuteilung der Aufgaben in den eigenen Wirkungsbereich der Gemeinde auf tatsächliche Gegebenheiten Rücksicht zu nehmen.

a. Organe der Gemeinde

Das B-VG hat die Organe der Gemeinde vorgegeben: Der **Gemeinderat**, der als allgemeiner Vertretungskörper von den Gemeindebürgern gewählt wird, ist eine kollegiale Verwaltungsbehörde. Er ist weisungsberechtigtes oberstes Organ und ihm gegenüber sind alle anderen Gemeindeorgane verantwortlich. Dem Gemeinderat obliegen insbes die Erlassung von Verordnungen (zB Flächenwidmungspläne, ortspolizeiliche Verordnungen) oder die Beschlussfassung des Haushaltes.

Dem vom Gemeinderat gewählten **Gemeindevorstand** kommt vorbereitende Funktion für die Beschlüsse des Gemeinderats zu, während die in Statutarstädten bestehenden **Stadtsenate** auch eigene Kompetenzen haben (zB § 47 Abs 3 und 4 Linzer Stadtstatut).

Der **Bürgermeister** ist eine monokratische Behörde, die je nach Regelung entweder von den Bürgern oder von dem Gemeinderat gewählt wird. Ihm kommt die Besorgung der Aufgaben des übertragenen Wirkungsbereiches der Gemeinden zu (Art 119 Abs 2 und 3 B-VG mit der Möglichkeit der Delegierung an Mitglieder des Gemeindevorstandes) und meist ist er in Aufgaben des eigenen Wirkungsbereiches der Gemeinde Behörde erster Instanz. Überdies hat der Bürgermeister die laufende Verwaltung zu führen, die Beschlüsse des Gemeinderates durchzuführen und die Gemeinde nach außen zu vertreten.

Als gemeinsamer Hilfsapparat ist den Gemeindeorganen das **Gemeindeamt**, in Statutarstädten der **Magistrat** beigegeben.

b. Aufgaben der Gemeinde

Der Aufgabenkreis der abstrakten Durchschnittsgemeinde teilt sich in die Angelegenheiten des eigenen und des übertragenen Wirkungsbereiches:

aa. Der eigene Wirkungsbereich

Hierzu zählen jene Angelegenheiten, die vom Gesetzgeber aufgrund der beiden Kriterien **„Interesse und Eignung"** in die selbständige Besorgung verwiesen werden (Art 118 Abs 2 B-VG). Die gesetzliche Verweisung ist konstitutiv, nur im Fall der Erlassung der ortspolizeilichen Verordnung gem Art 118 Abs 6 B-VG kann sich die Gemeinde unmittelbar auf die Verfassung berufen.

Ein Großteil des Aufgabenbereiches wird dem Gesetzgeber bereits in der Aufzählung des Art 118 Abs 3 B-VG ausdrücklich zur Verweisung vorgegeben (zB Baupolizei mit den Befugnissen zur Entscheidung über Baubewilligungen oder baupolizeiliche Aufträge, örtliche Raumplanung mit der Zuständigkeit zur Erlassung von Flächenwidmungs- und Bebauungsplänen oder die Straßenpolizei in Bezug auf Gemeindestraßen mit Berechtigung zB zur Verhängung von Halte- und Parkverboten oder Geschwindigkeitsbeschränkungen). Aufgrund der Generalklausel in Art 118 Abs 2 B-VG wurden zB der Orts- und Stadtbildschutz oder die örtliche Abfallwirtschaft in den eigenen Wirkungsbereich verwiesen. Zusätzlich zu diesen Aufgaben fällt noch die gesamte Privatwirtschaftsverwaltung der Gemeinde in ihre selbständige Besorgung.

Die Tätigkeiten der Gemeinde innerhalb des eigenen Wirkungsbereiches werden gegenüber Bundes- und Landesorganen **weisungsfrei** und mit einem Instanzenzug innerhalb der Gemeinde abgehandelt. Doch kommt dem Bund und den Ländern ein **Aufsichtsrecht** nach Maßgabe des Art 119a B-VG und den einfachgesetzlichen Bestimmungen zu.

Beachte: Der Fall der Aufgabenbesorgung durch die Gemeinde im eigenen Wirkungsbereich ist **der einzige Fall eines administrativen Instanzenzuges**, der nach der Verwaltungsgerichtsbarkeitsreform verblieben ist. Der administrative Instanzenzug im eigenen Wirkungsbereich der Gemeinde besteht aber nur, wenn der Landesgesetzgeber nicht von der Möglichkeit des Ausschlusses nach Art 118 Abs 4 B-VG Gebrauch gemacht hat. Sonst entscheidet nach einer einzigen verwaltungsbehördlichen Instanz das zuständige Verwaltungsgericht über das Rechtsmittel der Beschwerde. Der zweistufigen Verwaltungsgerichtsbarkeit ist damit auch das Rechtsmittel der Vorstellung an die Aufsichtsbehörde zum Opfer gefallen und ist nach Erschöpfung des innergemeindlichen Instanzenzuges (Bgm – GRat) Beschwerde beim zuständigen Landesverwaltungsgericht einzubringen.

bb. Der übertragene Wirkungsbereich

Der übertragene Wirkungsbereich umfasst gem Art 119 Abs 1 B-VG die Angelegenheiten, die der Bundes- oder Landesgesetzgeber den Gemeinden zur Besorgung überträgt. Der zuständige Bürgermeister ist dabei an die Weisungen des Bundes- oder Landesorganes gebunden, das übergeordnet für die Führung dieser Angelegenheit zuständig ist. So ist er zB bei der Besorgung von Meldeangelegenheiten nach dem MeldeG, das in die unmittelbare Bundesverwaltung fällt, an die Weisungen der Landespolizeidirektion gebunden oder in Staatsbürgerschaftsangelegenheiten (Landesverwaltung) gegenüber der LReg weisungsunterworfen. Es gibt im übertragenen Wirkungsbereich der Gde *keinen innergemeindlichen Instanzenzug*; nach der Gemeindeinstanz entscheidet das zuständige Verwaltungsgericht über die erhobene Beschwerde. Dies gilt auch für den Fall, dass die Materie aus der unmittelbaren Bundesverwaltung stammt, weil die Besorgung im übertragenen Wirkungsbereich der Gde nicht durch Bundesbehörden erfolgt.

c. Gemeindeverbände

Zur koordinierten und dadurch effizienteren Besorgung einzelner Aufgaben des eigenen oder übertragenen Wirkungsbereiches können Gemeindeverbände durch Gesetz oder Verordnung gebildet werden (Art 116a B-VG). Im eigenen Wirkungsbereich können die Gemeinden selbst durch einen aufsichtsbehördlich zu genehmigenden, öffentlich-rechtlichen Vertrag einen Verband gründen. Gemeindeverbände haben Rechtspersönlichkeit und handeln nicht für, sondern statt der Gemeinden. Die Regelung ihrer Organisation obliegt dem Landesgesetzgeber und sie können sowohl für hoheitliche als auch für privatwirtschaftliche Agenden herangezogen werden (Bsp: Kindergarten-, Krankenanstalten- oder Abfallwirtschaftsverbände).

3. Die Kammerselbstverwaltung

Die Selbstverwaltung außerhalb der territorialen Selbstverwaltung der Gemeinde fand mit der Novelle BGBl I 2008/2 durch die Hinzufügung der Art 120a–120c B-VG Eingang in die Bundesverfassung. Darin sind insbes die wirtschaftliche Selbstverwaltung durch die diversen Kammern und die berufliche Selbstverwaltung durch die verschiedenen Berufsvertretungen allgemein geregelt. Die Kammern sind gesetzliche berufliche Interessenvertretungen, die als Körperschaften öffentlichen Rechts eingerichtet sind und die Zwangsmitgliedschaft vorsehen. Ihre Hauptaufgabe liegt in der **Repräsentation der Interessen der Mitglieder**, wie typischerweise die Vertretung nach außen, die Entscheidung über die Berufszulassung (Führung einer Liste), die Vorschreibung von Beiträgen oder die Streitschlichtung. Diese Aufgaben fallen in den *eigenen Wirkungsbereich*. Bund und Länder können den Kammern per Gesetz Aufgaben der staatlichen Verwaltung übertragen, wobei die Aufgaben als solche des *übertragenen Wirkungsbereichs* zu bezeichnen sind und Weisungsbindung gegenüber dem zuständigen obersten Organ vorzusehen ist (Art 120b Abs 2 B-VG). Beim Handeln im eigenen Wirkungsbereich unterliegen die Kammern der staatlichen Aufsicht durch Organe des Bundes/der Länder (Art 120b Abs 1 B-VG).

Die Kammern haben neben privatrechtlichen auch *hoheitliche Befugnisse*, zu denen das Recht zur Bescheiderlassung oder das Recht zur Satzungsgebung (zB Disziplinarbescheide, Wahlordnungen, Disziplinarordnungen, Standesordnungen) zählen.

Beinahe sämtliche Erwerbstätigen sind vom Wirkungsbereich einer Kammer erfasst: Wirtschaftskammer, Kammer für Arbeiter und Angestellte, Ärztekammer, Rechtsanwaltskammer, Kammer der Ziviltechniker. Viele der Interessenvertretungen bestehen aus mehreren Körperschaften öffentlichen Rechts auf Bundesebene (zB Österreichische Ärztekammer) und auf Länderebene (Ärztekammern in den Bundesländern). In Art 120a Abs 2 B-VG finden die **Sozialpartner** verfassungsrechtliche Erwähnung, welche sich aus vier großen Interessensverbänden – der Wirtschaftskammer Österreich, der Bundesarbeiterkammer, der Landwirtschaftskammer Österreich und dem Österreichischen Gewerkschaftsbund – zusammensetzt.

4. Soziale Selbstverwaltung

Die Sozialversicherungsträger sind ein Teil der Selbstverwaltung und ähnlich wie die Kammern durch berufliche Merkmale gekennzeichnet. Sie unterscheiden sich jedoch von den Kammern durch ihre starke Besorgung hoheitlicher Aufgaben, wie beispielsweise die Vollziehung von Verwaltungsakten hinsichtlich individuell-konkreter Versicherungs- und Leistungsverhältnisse. Die Sozialversicherungsträger verfügen auch über eine starke privatwirtschaftliche Tätigkeit, insbesondere im Errichten von Krankenhäusern, Ambulatorien und Kuranstalten.

5. Sonstige Selbstverwaltung

Bis zum Inkrafttreten des Universitätsgesetzes (UG 2002) waren die Universitäten Selbstverwaltungskörper. Nun sind sie eigene juristische Personen des öffentlichen Rechts, die voll rechts- und geschäftsfähig sind und im Rahmen der Gesetze autonom agieren (Art 81c B-VG). Die Autonomie schließt Weisungsbindung und Instanzenzug an staatliche Organe aus. Die Finanzierung der Universitäten obliegt dem Bund. Alle drei Jahre werden in Leistungsvereinbarungen die wechselseitigen Verpflichtungen festgelegt.

Abgesehen von den Universitäten als eigenständige juristische Personen, verwaltet sich auch die Österreichische Hochschülerschaft selbst. Durch die Bundesvertretung als ihr gesetzlich vorgesehenes Organ nimmt die ÖH ihre Aufgabe wahr, sich gegenüber den zuständigen Ministerien für die Belange der Studenten einzusetzen.

V. Vollziehung in der Gemeinde Wien

1. Wien als Bundesland und Gemeinde

Für die Bundeshauptstadt kommen aufgrund ihrer Sonderstellung einerseits als Bundesland (Art 2 Abs 2 B-VG) und andererseits als Stadt mit eigenem Statut besondere Regelungen zur Anwendung (Art 108–112 B-VG). Subsidiär gelten für Wien als Bundesland die Art 95–106 B-VG und als Gemeinde die Art 115–120 B-VG. Die **Wiener Gemeindeorgane** fungieren gleichzeitig als Landesorgane, sodass die einzelnen Organe *mehrere Organfunktionen* auszuüben haben:

- Der Bürgermeister hat auch die Funktion des LH und des Leiters einer Bezirksverwaltungsbehörde auszuüben.
- Die Organwalter, die den Stadtsenat bilden, haben auch die Funktion der LReg zu übernehmen.
- Die amtsführenden Stadträte (Mitglieder des Stadtsenates mit Ressort) sind zugleich amtsführende Landesräte.
- Der Magistrat (als Gemeindeamt und BVB) übt auch die Funktion des Amtes der LReg aus.
- Der Magistratsdirektor ist zugleich Landesamtsdirektor und
- der Gemeinderat ist zugleich Landtag.

2. Gemeindeverwaltung

a. Eigener Wirkungsbereich

Die Verwaltung der Gemeinde Wien erfolgt ebenso wie bei jeder anderen Gemeinde im eigenen oder im übertragenen Wirkungsbereich. Im *eigenen Wirkungsbereich* ist grundsätzlich der **Magistrat als Behörde erster Instanz** vorgesehen, soweit nicht ausnahmsweise ein anderes Gemeindeorgan (Bürgermeister, Gemeinderat) zur Entscheidung berufen ist. Nachdem Wien den innergemeindlichen Instanzenzug gem Art 118 Abs 4 B-VG ausgeschlossen hat, können erstinstanzliche Entscheidungen der Gemeindeorgane nur mehr mit Beschwerde beim zuständigen Verwaltungsgericht bekämpft werden.

b. Übertragener Wirkungsbereich

Mit der Besorgung der Angelegenheiten des übertragenen Wirkungsbereichs ist der *Bürgermeister* mit dem ihm in diesem Bereich untergeordneten *Magistrat* berufen. Statt des bisherigen Instanzenzugs an LReg bzw LH gibt es seit Einführung der zweistufigen Verwaltungsgerichtsbarkeit auch in diesen Fällen nur mehr das Rechtsmittel der Beschwerde an das zuständige Verwaltungsgericht.

3. Landesverwaltung/mittelbare Bundesverwaltung

Für die Agenden der Bezirksverwaltung (Landesverwaltung, mittelbare Bundesverwaltung) ist in erster Instanz der *Magistrat* zuständig. Der Instanzenzug geht sowohl in Angelegenheiten der Landesverwaltung (statt zum Stadtsenat als LReg) als auch bei der mittelbaren Bundesverwaltung (statt zum Bgm als LH) zum Landesverwaltungsgericht.

Dritter Abschnitt: Verfassungsrechtliche Grundsätze für die Verwaltung

Der für die Verwaltung – insbes für den Aufbau der Verwaltungsorganisation – entscheidende Art 2 B-VG, wonach Österreich ein Bundesstaat ist, wird an dieser Stelle nicht behandelt, weil dies bereits im 2. Abschnitt unter B.I geschah. Das **bundesstaatliche Prinzip** spiegelt sich im Verwaltungsaufbau wider und führt zu der im vorangegangenen Abschnitt behandelten Einteilung in die Bundes- und die Landesverwaltung.

A. Der Grundsatz der Gewaltenteilung

I. Organisatorische Gewaltenteilung

Gewaltenteilung bedeutet Splittung der staatlichen Machtfülle auf mehrere Institutionen, die **voneinander** unabhängig agieren und einander kontrollieren, um eine Machtbalance herzustellen, die staatliche Willkür oder Alleinherrschaft einer Einrichtung verhindern soll. Das B-VG enthält keine Bestimmung, die einen allgemeinen Grundsatz der Trennung der drei Staatsgewalten zum Ausdruck bringt. Es existiert vielmehr ein differenziertes Konzept wechselseitiger Beschränkungen und Kontrollen zwischen den obersten Staatsorganen.

Die Gewaltenteilung **im organisatorischen Sinn** teilt die Staatsaufgaben entsprechend den **drei Staatsfunktionen Gesetzgebung, Vollziehung und Gerichtsbarkeit** auf die Organe der Legislative, der Exekutive und der Judikative auf. Jedes Organ muss einer der drei Gewalten zurechenbar sein und je nach der Zugehörigkeit des handelnden Organs ist die Aufgabenerfüllung unabhängig von ihrem materiellen Gehalt der jeweiligen Staatsgewalt zurechenbar; eine vierte Gewalt wäre nach dem Konzept der österreichischen Bundesverfassung unzulässig.

1. Trennung Gesetzgebung – Verwaltung

Die beiden Staatsfunktionen Gesetzgebung und Verwaltung verfügen zwar über einen jeweils eigenen Organapparat, doch besteht keine personelle Inkompatibilität. Jeder öffentliche Bedienstete kann gleichzeitig Mitglied des Nationalrats sein, Gleiches gilt für die Mitglieder der BReg. Dies ergibt sich aus dem parlamentarischen Regierungssystem in Österreich, das zu einer sehr engen personellen Verzahnung zwischen Parlament und Regierung führt. Zudem besteht die faktische Abhängigkeit der Regierung vom Vertrauen der Mehrheit des Nationalrates, die zusätzlich eine strikte Abgrenzung zwischen den beiden Funktionen verhindert. Die Verwaltung, an der Spitze verkörpert durch die BReg, wirkt entscheidend an der Gesetzgebung mit. Die BReg legt dem Nationalrat die ausformulierten Gesetzesvorlagen (Regierungsvorlagen) zur Abstimmung vor.

Die verfassungsrechtlich *vorgesehene Kontrolle der Legislative gegenüber den höchsten Verwaltungsorganen* (Bpräs, BReg und den einzelnen BM), die dem Parlament für ihr Handeln verantwortlich sind, sollte durch mehrere verfassungsrechtliche Instrumente gegeben sein:

a. Politische Kontrolle

Der Nationalrat ist gem Art 52 Abs 1 B-VG berechtigt, die Geschäftsführung der BReg zu überwachen. Dabei stehen ihm das Interpellations-, das Resolutions-, das Enqueterecht und schließlich das Misstrauensvotum zur Verfügung.

b. Rechtliche Kontrolle

Der Nationalrat ist berechtigt, insbes die Mitglieder der BReg wegen schuldhafter Gesetzesverletzung beim VfGH anzuklagen (Art 142 B-VG) und die Einberufung der Bundesversammlung zur Erhebung einer Anklage gegen den BPräs wegen schuldhafter Verfassungsverletzung zu verlangen.

c. Finanzielle Kontrolle

Der Nationalrat muss den vom Rechnungshof erstellten Bundesrechnungsabschluss, der die jährlichen Ausgaben und Einnahmen enthält, genehmigen. Der Rechnungshof hat weiters die Verwaltung laufend zu überprüfen und dem Nationalrat darüber Bericht zu erstatten (Art 121 ff B-VG); auch kann der Nationalrat besondere Überprüfungen beim Rechnungshof verlangen.

Da sich die parteipolitischen Mehrheiten im Nationalrat und in der BReg gewöhnlich decken, laufen wichtige Kontrollrechte in ihrer Konstruktion als parlamentarische Mehrheitsrechte regelmäßig ins Leere. Beachtenswert ist in diesem Zusammenhang, dass das Recht auf Einsetzung eines Untersuchungsausschusses mit Änderung des Art 53 B-VG zu einem Minderheitenrecht wurde; das Verlangen von einem Viertel der Mitglieder des Nationalrats reicht nunmehr aus.

2. Gesetzgebung – Gerichtsbarkeit

Die Trennung zwischen Gerichtsbarkeit einerseits und Gesetzgebung andererseits war historisch so selbstverständlich, dass, genauso wie im Verhältnis zwischen Verwaltung und Gesetzgebung, keine ausdrückliche Regelung im B-VG gefasst wurde. Das Parlament nimmt in der Form von Gesetzen auf die Gerichtsbarkeit und ihre Tätigkeit Einfluss, weil die Gerichtsbarkeit eine gesetzesvollziehende Tätigkeit ausübt. Auf andere Weise darf die Gesetzgebung jedoch nicht Einfluss nehmen. Die Gesetzgebung unterliegt ihrerseits einer gerichtlichen Kontrolle durch den VfGH. *Organisatorisch* verstanden umfasst die Gesetzgebung all jene Tätigkeiten, die von den Gesetzgebungsorganen gesetzt werden, und insofern ist sie von der Gerichtsbarkeit und der Verwaltung abgrenzbar.

3. Gerichtsbarkeit – Verwaltung

Programmatisch festgelegt wird die organisatorische Gewaltenteilung zwischen der Gerichtsbarkeit und der Verwaltung in Art 94 Abs 1 B-VG („Die Justiz ist von der Verwaltung in allen Instanzen getrennt"). Im Einzelnen ergeben sich daraus folgende verfassungsrechtliche Aufträge:

- Es darf **keine „Mischorgane"** geben, es darf also keine Behörde zugleich als Gericht und als Verwaltungsbehörde eingerichtet und entscheidungsbefugt sein. Ausnahmen müssen – wie die Justizverwaltung durch Einzelrichter gem Art 87 Abs 2 B-VG – verfassungsrechtlich abgesichert sein. Im Verhältnis zwischen Gesetzgebung und Verwaltung erklärte der VfGH einen gemischten Nationalrats-Regierungs-Ausschuss für unzulässig.
- Zwischen Gerichten und Verwaltungsbehörden darf es gem Art 94 Abs 1 B-VG grundsätzlich **keine Instanzenzüge** geben. Unzulässig ist es daher, dass ein Gericht die Entscheidung einer Verwaltungsbehörde überprüft – oder umgekehrt. Anderes gilt, wenn der Verfassungsgesetzgeber dies selbst festlegt, so zur Zuständigkeit in Amtshaftungssachen gem Art 23 B-VG und in der Verwaltungsgerichtsbarkeit gem Art 129 ff B-VG. Ansonsten konnte der einfache Gesetzgeber einen Rechtsweg von der Verwaltungsbehörde zu einem ordentlichen Gericht lange Zeit nur durch eine **sukzessive Zuständigkeit** verfassungskonform konstruieren; wesentlich ist dabei, dass der angefochtene Bescheid mit Anrufung des ordentlichen Gerichts ex lege außer Kraft tritt und dieses gänzlich neu in der Sache entscheidet (etwa im Enteignungsrecht bezüglich der Höhe der Entschädigung oder im Sozialversicherungsrecht bei Leistungsstreitsachen). Mit Schaffung des Art 94 Abs 2 B-VG haben sich die Möglichkeiten des einfachen Gesetzgebers erweitert; er ist nunmehr ermächtigt, „in einzelnen Angelegenheiten" (also weiterhin nur als Ausnahme zum Trennungsprinzip des Art 94 Abs 1 B-VG)

einen **(echten) „Instanzenzug“** von der Verwaltungsbehörde zu einem ordentlichen Gericht vorzusehen. Der angefochtene Bescheid tritt in diesem Fall nicht außer Kraft, sondern wird Prüfgegenstand des ordentlichen Gerichts.

- **Weisungsbeziehungen zwischen Gerichten und Verwaltungsbehörden** sind ausgeschlossen. Dies trifft zusammen mit dem Grundsatz der richterlichen Unabhängigkeit, wonach die Richter in Ausübung ihres Amtes weisungsfrei sind (Art 87 B-VG). Die richterlichen Anordnungen an Sicherheitsorgane – zB bei Hausdurchsuchungen oder Telefonüberwachungen – sind mit dieser Maxime vereinbar, da die Sicherheitsorgane den Gerichten als Hilfsorgane zugeordnet sind und es sich insoweit um justizinterne Aufträge handelt.

II. Materielle Gewaltenteilung

Bei materieller Betrachtung stellt sich die Frage, **welcher Aufgabenbereich** den Organen der Verwaltung bzw der Gerichtsbarkeit zugeordnet ist. Die ideale materielle Teilung geht von einer ausschließlichen Zuständigkeit der Gerichte in der Streitentscheidung in Privatrechtsangelegenheiten und der Entscheidung in Strafsachen aus, weiters von der „Restzuständigkeit“ der Verwaltungsbehörden für alle übrigen Vollzugsaufgaben. Im Widerspruch dazu leitet der VfGH aus dem organisatorischen Gewaltenteilungsbegriff die **Dispositionsfreiheit des Gesetzgebers** bei der Zuweisung von Vollzugsaufgaben ab. Dem einfachen Gesetzgeber steht es also grundsätzlich frei, zB eine Zivilrechtssache in die Zuständigkeit der Verwaltung zu übertragen, doch sind ihm verfassungsrechtliche – materielle – Grenzen gesetzt:

1. Konzept des B-VG

Eine allgemeine Richtschnur entspinnt sich aus einzelnen Bestimmungen des B-VG (Art 69, 78a ff, 90 ff), wonach die Verwaltungsgeschäfte von Verwaltungsbehörden und Zivil- sowie Strafrechtssachen von Gerichten geführt werden sollen. Wenn der einfache Gesetzgeber jedoch Aufgaben untypisch zuteilt (zB die Betrauung der Gerichte mit der typisch administrativen Tätigkeit der Führung des Grundbuchs), so liegt darin kein Verstoß gegen den Grundsatz der Gewaltenteilung.

2. Art 6 Abs 1 Europäische Menschenrechtskonvention (EMRK)

Eine konkretere Schranke für den einfachen Gesetzgeber bei der Regelung der Vollzugszuständigkeiten bildet Art 6 EMRK, der unabhängige und unparteiische Tribunale zur Entscheidung über zivilrechtliche Angelegenheiten und strafrechtliche Anklagen (inkl Verwaltungsstrafrecht) garantiert. Fällt eine Angelegenheit bei materieller Betrachtung und autonomer Auslegung der EMRK unter den Begriff der *civil rights* oder *criminal charge*, so hat der Gesetzgeber bei sonstiger Verfassungswidrigkeit (und Grundrechtsverletzung) ein *Tribunal* zu berufen. Den Tribunal-Begriff können nicht nur Gerichte erfüllen, sondern auch Verwaltungsbehörden, sofern die Mitglieder für eine gewisse Dauer weisungsfrei gestellt sind und unabhängig agieren.

> Art 6 EMRK war auch einer der Gründe für die Einführung der mittlerweile aufgelösten UVS, damit zumindest in der Rechtsmittelinstanz in Verwaltungsstrafsachen eine unabhängige, weisungsfreie Behörde entscheidet, die den Tribunal-Begriff erfüllt. Mit der Einführung der Verwaltungsgerichte wird den Anforderungen des Art 6 EMRK umso mehr entsprochen.

Der materiellen Gewaltenteilung wird also auch durch Art 6 Abs 1 EMRK nicht zum Durchbruch verholfen. Auch wenn die Kompetenzaufteilung innerhalb des institutionellen Gefüges eine materielle Gewaltenteilung zunächst vermuten lässt, ist die Gewaltenteilung nur organisatorisch-formal verwirklicht. Der einfache Gesetzgeber ist demnach frei in der konkreten Zuweisung von Zuständigkeiten an Verwaltungs- bzw Gerichtsbehörden.

B. Der Grundsatz der Gesetzmäßigkeit

I. Art 18 Abs 1 B-VG

1. Verpflichtungen der Verwaltungsbehörde

Nach Art 18 Abs 1 B-VG darf die gesamte staatliche Verwaltung nur aufgrund der Gesetze ausgeübt werden. Die Bindung der Verwaltung an die Gesetze kennzeichnet innerhalb des Systems der Gewaltenteilung die **Beziehung zwischen der Gesetzgebung und der Verwaltung**. Für die Gerichtsbarkeit war die Gesetzesbindung historisch bereits so selbstverständlich, dass sie in den Wortlaut des Art 18 Abs 1 B-VG nicht aufgenommen wurde.

Das darin zum Ausdruck kommende Legalitätsprinzip findet in der **gesamten Hoheitsverwaltung** uneingeschränkt Anwendung. Es betrifft also Bund, Länder, Gemeinden, andere Selbstverwaltungskörper (sowohl im eigenen als auch im übertragenen Wirkungsbereich) und andere juristischen Personen mit hoheitlichen Aufgaben.

Zur Geltung des Legalitätsprinzips in der Privatwirtschaftsverwaltung s 6. Abschnitt, C.

Das Legalitätsprinzip beinhaltet zum einen den **rechtsstaatlichen Aspekt** der Vorhersehbarkeit des Verwaltungshandelns: Die Gesetze müssen die Voraussetzungen so weit vorherbestimmen, dass der betroffene Bürger seine Rechtsposition bereits dem Gesetz entnehmen kann und das behördliche Handeln somit berechenbar ist. Zum anderen enthält das Legalitätsprinzip einen **demokratiepolitischen Aspekt**, indem es die Vollziehung an die von gewählten Volksvertretern geschaffenen Gesetze bindet. Es wird dadurch auch auf der Vollzugsebene garantiert, dass der Volkswille verwirklicht und einer willkürlich vorgehenden Verwaltung vorgebeugt wird.

Die Gesetzesbindung der Verwaltung bedeutet, dass **Verwaltungshandeln** stets eine **gesetzliche Grundlage** voraussetzt. Ohne gesetzliche Grundlage, die das Handeln der Organe in materieller und in formeller Hinsicht determiniert, darf kein Verwaltungsakt gesetzt werden. Für den Normadressaten muss demnach aus dem Gesetz ersichtlich sein, welche Behörde in einer bestimmten Angelegenheit zuständig ist, welche Verfahrensschritte sie setzt und anhand welcher Kriterien die Behörde eine Entscheidung zu treffen hat.

Beispiel: Bei der Erteilung einer Baubewilligung nach der NÖ BO 2014 ergibt sich die Zuständigkeit der Behörde aus § 2, die inhaltlichen Kriterien für die Erteilung einer Baubewilligung sind in § 23 enthalten und das Verfahren ergibt sich zum einen aus speziellen Verfahrensvorschriften in der NÖ BO, zB § 18, wonach dem Antrag näher bezeichnete Unterlagen anzuschließen sind, und zum anderen aus dem subsidiär anwendbaren AVG; für den Antragsteller ist damit vorhersehbar, wie die Behörde vorgeht und ob er die Baubewilligung erhalten wird.

2. Verpflichtungen des Gesetzgebers

Die andere Seite des Legalitätsprinzips, die im Wortlaut nicht ausdrücklich angesprochen wird, ist die Verpflichtung des Gesetzgebers, **taugliche Rechtsgrundlagen** für die Vollziehung zu schaffen. Nur wenn den Organen eine *ausreichend detaillierte* und *klare Basis für ihr Handeln* geboten wird, kann von der Verwaltung eine gesetzeskonforme Vollziehung verlangt werden.

Die Grenze zwischen hinreichender Determinierung des Verwaltungshandelns durch das Gesetz und einer zu weit gehenden Ermächtigung (**verfassungswidrige formalgesetzliche Delegation**) kann nicht trennscharf gezogen werden, letztlich obliegt diese Feststellung dem VfGH im Einzelfall. Besonders schwierig ist dies bei Rechtsvorschriften des Gemeinschaftsrechts, das unmittelbar angewendet werden muss. Auch dieses Recht muss dem Bestimmtheitsgebot entsprechen, doch ist der Maßstab des EuGH großzügiger als derjenige des VfGH. Daraus ergibt sich das Problem, dass die Verwaltungsorgane zwei Rechtsordnungen nebeneinander anzuwenden haben, für die unterschiedliche Maßstäbe der inhaltlichen Bestimmtheit gelten.

3. Differenziertes Legalitätsprinzip

Es ist anerkannt, dass je nach Regelungsgegenstand ein unterschiedlicher Determinierungsgrad geboten sein kann. Eine grundsätzliche Linie gibt vor: Je „eingriffsnäher", je stärker also grundrechtliche Positionen betroffen sind, desto präziser müssen die gesetzlichen Vorgaben sein. Auf verschiedenen Rechtsgebieten haben sich aus Zweckmäßigkeitsgründen *Lockerungstendenzen* entwickelt, die von der Rechtsprechung des VfGH getragen werden. Für den Bereich des Wirtschaftsrechtes etwa verlangt der VfGH keine so weit gehende gesetzliche Vorherbestimmung wie im Sozialversicherungsrecht, im Strafrecht oder im Abgabenrecht. Dies rechtfertigt ein geringeres Rechtsschutzbedürfnis, wird durch die Dynamik wirtschaftsrechtlicher Tatbestände teils auch sachlich erzwungen.

In diesen Bereichen abgeschwächter Determinierung (zB Wirtschaftslenkungsrecht, Raumplanung, Seuchenrecht) wird von der Regelungstechnik der **finalen Determinierung** Gebrauch gemacht. Dies bedeutet, dass den Behörden nicht gesetzliche Konditionen (wenn – dann), sondern lediglich gesetzliche Ziele vorgegeben werden; der Behörde stehen damit die Mittel zur Zielerreichung grundsätzlich frei. Die verdünnte Legalität wird durch strengere Verfahrensregeln ausgeglichen, insbesondere durch die Verpflichtung zur Erforschung und Dokumentation der Entscheidungsgrundlagen, die Interessenabwägung und die hinreichende Begründung ihrer Entscheidung. Letzteres vor allem, um die behördliche Vollzugstätigkeit gerichtlich nachprüfbar zu machen, weil die Rechtmäßigkeit des Vollzugs finaler Gesetzesvorschriften schließlich nicht anhand eines gesetzlichen Tatbestands nachvollzogen werden kann **(Legitimation durch Verfahren)**.

Beispiel: Mit dem *Flächenwidmungsplan* hat die Gemeinde konkret die geordnete Art der Nutzung der gesamten Fläche des Gemeindegebietes festzulegen. Die Gemeinde hat dabei strikt die in den Raumordnungsgesetzen zur Gewinnung einer ausreichenden Entscheidungsgrundlage vorgesehene Vorgangsweise einzuhalten und den ihr als Planungsträger zustehenden Gestaltungsspielraum in gesetzeskonformer Weise auszuschöpfen. Ein rechtmäßiges Verfahren umfasst dabei neben der objektiven Bestandsaufnahme durch entsprechende Grundlagenforschung und Bestandsanalyse, die Einhaltung der in den räumlichen Entwicklungskonzepten formulierten Ziele und schließlich die Abwägung der raumrelevanten Belange mit den legitimen privaten Interessen der dinglich Berechtigten.

II. Art 18 Abs 2 B-VG – Das Verordnungsrecht der Verwaltungsbehörden

1. Durchführungsverordnungen

Gem Art 18 Abs 2 B-VG kann jede Verwaltungsbehörde aufgrund der Gesetze innerhalb ihres Wirkungsbereiches Verordnungen erlassen. Die hier gemeinten *Durchführungsverordnungen* (auch: „unselbständige Verordnungen") bedürfen einer ausreichend bestimmten gesetzlichen Grundlage, deren Präzisierung eine Verordnung lediglich sein darf. Ist das Gesetz nicht bestimmt genug, handelt es sich um eine verbotene „formalgesetzliche Delegation", die den Verwaltungsbehörden bei der Verordnungserlassung zu viel Spielraum – und damit eine Delegierung von gesetzgeberischen Kompetenzen – gewährt. Es besteht hier also dasselbe Maß an Gesetzesbindung wie für andere Rechtsakte nach Art 18 Abs 1 B-VG. Einer ausdrücklichen einfachgesetzlichen Ermächtigung zur Erlassung der Durchführungsverordnung bedarf es nicht. *Normen des Gemeinschaftsrechts* bilden nach der Jud des VfGH keine geeignete gesetzliche Grundlage für Durchführungsverordnungen.

2. Selbständige Verordnungen

Zur Erlassung von selbständigen Verordnungen *(unmittelbar aufgrund der Verfassung)* bedarf es einer eigenen verfassungsrechtlichen Grundlage (zB die Notverordnungen gem Art 18 Abs 3–5 B-VG und Art 97 Abs 3 und 4 leg cit); sie sind von Art 18 Abs 2 B-VG nicht gedeckt.

III. Ermessen und Gebundenheit

1. Freies Ermessen

Das streng verstandene Legalitätsprinzip verlangt, dass der Gesetzgeber alle Tatbestände und die jeweiligen Rechtsfolgen normieren muss (wenn – dann). Die Verwaltungsbehörde hat lediglich die Erfüllung des Tatbestandes zu prüfen und die dafür vorgesehene Rechtsfolge zu verhängen. Wenn bei Erfüllung eines Tatbestandes eine bestimmte Rechtsfolge angeordnet ist, liegt eine **gebundene Entscheidung** der Behörde vor.

Sieht der Gesetzgeber von einer gebundenen Entscheidung der Behörde ab, so stehen der Behörde *mehrere gleichwertige gesetzeskonforme Lösungen* offen. Für welche dieser Alternativen sie sich entscheidet, liegt in ihrem **freien Ermessen.** Die Befugnis der Behörden, nach eigenen Wertungskriterien zu entscheiden, räumt keinesfalls die Ermächtigung zu willkürlichem Vorgehen ein. Vielmehr ist sie verpflichtet, anhand *sachlicher Kriterien* – dem **Sinn und Zweck des Gesetzes** folgend – zu entscheiden. Der Sinn des Gesetzes ist vom Gesetzgeber unter Angabe von Ermessensdeterminanten hinreichend darzulegen. Der folgende *Abwägungsvorgang* der Behörde, der zu mehreren sachlichen Lösungen führen kann, je nachdem, welchem der Gesichtspunkte letztlich der Vorrang gegeben wird, bildet den Kern der Ermessensfreiheit.

Man unterscheidet grundsätzlich zwischen *Handlungsermessen,* das der Behörde freistellt, ob sie überhaupt tätig wird oder nicht, und dem *Auswahlermessen,* das der Behörde aufträgt, zu handeln, aber ihr verschiedene gleichwertige Möglichkeiten einräumt.

2. Fehlerhafte Ermessensausübung

Fehlerhafte Ermessensausübung führt zur Rechtswidrigkeit des Verwaltungsaktes. Es werden zwei Gruppen von Ermessensfehlern unterschieden: die **Ermessensüberschreitung**, wenn die Behörde ein Ermessen annimmt, obwohl bindende Regelungen bestehen; und der **Ermessensmissbrauch**, wenn sich die Behörde zwar innerhalb des Ermessensspielraumes befindet, sich jedoch von *unsachlichen Kriterien* leiten lässt, die nicht dem Sinn des Gesetzes entsprechen. Für den Einzelnen bedeutet die gesetzliche Ermesseneinräumung, dass die verwaltungsbehördlichen Entscheidungen nicht im selben Ausmaß wie die strikt gebundenen Akte vorhersehbar sind, weil es nicht zwingend eine einzige rechtsrichtige Lösung gibt.

Beachte: Im Zuge der **Überprüfung verwaltungsbehördlicher Akte mit Ermessensspielraum** durch das VwG und den VwGH beschränkt sich die Ermessenskontrolle auf die **Ahndung von Ermessensfehlern.** Ein Bescheid ist gem Art 130 Abs 3 B-VG rechtskonform, *„soweit das Gesetz der Verwaltungsbehörde Ermessen einräumt und sie dieses im Sinne des Gesetzes ausgeübt hat".* Hat die Verwaltungsbehörde ihr Ermessen also innerhalb des gesetzlich eingeräumten Spielraums ausgeübt (und sich von sachlichen Kriterien leiten lassen), sind das VwG und der VwGH nicht befugt, die Entscheidung (den verwaltungsbehördlichen Bescheid bzw das verwaltungsgerichtliche Erkenntnis) aufzuheben; nur weil sie das (rechtskonform ausgeübte) Ermessen anders ausgeübt hätten. Dies gilt mit einer **Ausnahme:** Im **Verwaltungsstrafverfahren** besteht für das VwG eine umfassende Ermessenskontrolle und das VwG kann den Bescheid aufheben oder abändern, auch wenn sich die Behörde innerhalb des erlaubten Spielraums befand, das VwG das Ermessen jedoch anders ausüben möchte (Art 130 Abs 3 B-VG).

3. Kann-Bestimmungen – Unbestimmte Gesetzesbegriffe

Zu erkennen sind Ermessensbestimmungen häufig an den sog *„Kann-Bestimmungen"*, wenn das Gesetz die Formulierung „die Behörde kann" statt der Standardformel „die Behörde hat" verwendet. Allerdings ist dieses Wort nur ein Indiz; die Einräumung von Ermessen durch die Behörde ist stets durch sorgfältige Interpretation zu ermitteln.

Weiters ergeben sich für die Verwaltung dem Ermessen vergleichbare Spielräume durch die Verwendung *unbestimmter Gesetzesbegriffe*. Es ist geradezu unmöglich, jeden Tatbestand und ihre Rechtsfolge so genau und in ihrer Aussagekraft so eindeutig zu formulieren, dass den Behörden keinerlei Interpretationsspielraum bleibt. Die Verwendung von unbestimmten Rechtsbegriffen ergibt sich somit zwingend aus der sprachlichen Unzulänglichkeit und diese Begriffe gewähren den Verwaltungsbehörden viel häufiger Gelegenheit, Ermessen auszuüben, als eine ausdrückliche Einräumung.

Beispiele: Gem § 38 AVG *kann* die Behörde bis zur rechtskräftigen Entscheidung der Vorfrage das Verfahren aussetzen, wenn die Vorfrage schon den Gegenstand eines anhängigen Verfahrens bei der zuständigen Behörde bildet oder ein solches Verfahren gleichzeitig anhängig gemacht wird. Es steht also im Ermessen der Behörde, die Vorfrage entweder selbst zu beurteilen oder das Verfahren zu unterbrechen.

Gem § 11 StbG hat die Behörde bei der Verleihung der Staatsbürgerschaft nach § 10 ua Rücksichten auf das allgemeine Wohl zu nehmen und die öffentlichen Interessen und das Ausmaß der Integration der Fremden zu beachten. Hierbei handelt es sich nicht um genau bestimmte Begriffe, anhand deren die anwendende Behörde nur mehr eine Subsumtion machen müsste. Vielmehr erlaubt die Berücksichtigung „öffentlicher Interessen" und des „Ausmaßes der Integration" einen Spielraum für die Behörde, welcher der Behörde nicht nur *eine* richtige Entscheidung ermöglicht, sondern *mehrere vertretbare Entscheidungen*, die innerhalb des durch die unbestimmten Gesetzesbegriffe eingeräumten Spielraums liegen.

Hingegen lassen Verwaltungsstrafbestimmungen nur selten einen Ermessensspielraum zu. ZB sieht die GewO in § 366 Abs 1 Z 1 vor, dass „eine Verwaltungsübertretung, die mit Geldstrafe *bis zu* Euro 3.600 zu bestrafen *ist*, begeht, wer ein Gewerbe ausübt, ohne die erforderliche Gewerbeberechtigung zu haben". Hier hat die anwendende Behörde hinsichtlich des Umstandes, *ob sie überhaupt eine Geldstrafe verhängt*, keinerlei Spielraum, sondern sie muss, falls der Tatbestand der fehlenden Gewerbeberechtigung erfüllt ist, eine Geldstrafe verhängen. Allerdings hat sie hinsichtlich der *Höhe der verhängten Geldstrafe* einen Ermessensspielraum, weil sie eine Geldstrafe bis zu maximal Euro 3.600 verhängen darf. Bei ihrer Ermessensentscheidung hat die Behörde nur solche Umstände zu berücksichtigen, die im Sinne des Gesetzes liegen. In Frage kommen hier, ob die Verwaltungsübertretung das erste Mal oder bereits zum wiederholten Male begangen wurde oder ob es sich wegen der damit verbundenen Gefahren um ein sensibles Gewerbe handelt. Außerhalb des Ermessensspielraumes wäre zB die Berücksichtigung des Umstandes, dass der Betroffene unsympathisch ist und daher die Maximalstrafe verhängt wird. Dies wäre behördliche Willkür.

C. Das Weisungsprinzip

I. Zweck des Weisungszusammenhanges

Die Verwaltung ist ein strikt hierarchisch aufgebauter Apparat, an dessen Spitze eine Reihe von obersten Organen steht, die für ihre Tätigkeiten dem Parlament gegenüber verantwortlich sind. Unter der Leitung der obersten Organe des Bundes und der Länder wird gem Art 20 Abs 1 B-VG die Verwaltung von den untergeordneten Organen geführt. Um auf das Verwaltungshandeln der untergeordneten Organe, für das sie einstehen müssen, Einfluss nehmen zu können, sieht Art 20 Abs 1 B-VG vor, dass auf Zeit gewählte Organe, ernannte berufsmäßige Organe und vertraglich bestellte Organe in ihrer Tätigkeit an die *Weisungen der ihnen vorgesetzten Organe gebunden* sind. Art 20 Abs 2 B-VG erlaubt für bestimmte Kategorien von Behörden die Weisungsfreistellung durch einfaches Gesetz. Siehe näher unten III.1.

Eine Weisung kann *konkret* oder *abstrakt* sein, je nachdem, ob es sich um einen Einzelfall oder eine Vielzahl von Fällen handelt; weiters kann sie *individuell* oder *generell* (s 5. Abschnitt, B.I.2.d) sein, je nachdem, ob es sich beim Adressatenkreis um eine oder mehrere Personen handelt.

Weisungen können sowohl von Kollegialorganen an Organwalter als auch von Vorgesetzten an Kollegialorgane erteilt werden.

II. Weisungsgeber und Weisungsempfänger

1. Organisatorisch-dienstrechtliche Betrachtung

Außer den verfassungsrechtlich ausdrücklich bestimmten obersten Organen sind die als Weisungsgeber in Betracht kommenden vorgesetzten Organe den jeweiligen einfachgesetzlichen **organisations- und dienstrechtlichen Vorschriften** zu entnehmen. Allgemein ergeben sich der Vorgesetztenstatus und dadurch der Weisungszusammenhang aus den jeweiligen organisatorischen Hierarchien; dh zwischen über- und nachgeordneten Dienststellen oder innerhalb von Dienststellen desselben Ressorts. ZB ist der Abteilungsleiter gegenüber den Mitarbeitern der Abteilung weisungsbefugt, der Sektionsleiter gegenüber den Sektionsangehörigen usw.

Bei einer Mehrheit von Dienststellen innerhalb eines Ressorts besteht ein **Weisungsdurchgriff** des obersten Organs auf Organe, die sich hierarchisch zwei oder mehrere Ebenen weiter unten befinden.

2. Fachlich-funktionelle Betrachtung

Grundsätzlich besteht das Weisungsrecht nur *innerhalb desselben Verwaltungsbereichs*, also der Bundesverwaltung, der Länderverwaltung oder der Selbstverwaltung. Manchmal reicht allerdings der organisatorische (dienstrechtliche) Zusammenhang zur Bestimmung nicht aus und es muss auf fachlich-funktionelle Gesichtspunkte zurückgegriffen werden, wenn – nicht in die jeweilige Hierarchie eingegliederte – Organe mit Aufgaben betraut werden:

a. Mittelbare Verwaltung

In den Fällen der **mittelbaren Verwaltung** ist zB der LH in Angelegenheiten der mittelbaren Bundesverwaltung funktionell Bundesbehörde und daher an die Weisungen der BReg bzw BM gebunden. Bei einer rein organisatorischen Betrachtung könnte man einen Weisungszusammenhang zwischen dem LH und der BReg bzw BM nicht herstellen, weil der LH organisatorisch in der Landesverwaltung verankert ist und damit organisatorisch-dienstrechtliche Weisungen durch Bundesorgane ausgeschlossen sind. Genauso ist in Angelegenheiten der Gemeinde im übertragenen Wirkungsbereich der Bürgermeister gegenüber der BH bzw LReg oder gegenüber dem LH je nach dem Vollzugsbereich, aus dem die Materie stammt, in funktioneller Hinsicht weisungsgebunden. Ein *Weisungsdurchgriff* kommt in den genannten Fällen der mittelbaren Verwaltung nicht infrage, weil die Weisungsempfänger verfassungsrechtlich bestimmt sind. Gem Art 103 Abs 1 und 3 B-VG haben die Weisungen des BM in der mittelbaren Bundesverwaltung an den LH zu ergehen, auch wenn nachgeordnete Landesorgane betroffen sind. Der LH hat in diesen Fällen die Weisungen weiterzuleiten oder in eigenen Weisungen umzusetzen. Die Festlegung des Bürgermeisters als Weisungsempfänger der Gemeinde in Angelegenheiten des übertragenen Wirkungsbereichs hat in Art 119 Abs 2 B-VG seine Grundlage.

b. Konkurrenz von Weisungsbeziehungen

Durch das Auseinanderfallen des organisatorisch-dienstrechtlichen und des funktionellen Weisungszusammenhanges kommt es zu einer Konkurrenz von Weisungsbeziehungen.

Der Bezirkshauptmann ist in Angelegenheiten der Landesverwaltung an die fachlichen Weisungen der LReg, in der mittelbaren Bundesverwaltung an die des LH und im öffentlichen Sicherheitswesen an die des Landespolizeidirektors gebunden. In organisatorischer Hinsicht untersteht der Bezirkshauptmann dem LH als Leiter des inneren Dienstes und dem diesem unterstellten Landesamtsdirektor.

Zwischen welchen Organen eine fachlich-funktionelle Weisungsbeziehung besteht, ergibt sich aus der zu besorgenden **Materie** und der gesetzlichen Grundlage. Weisungen können sich trotz ihres eigenen hoheitsrechtlichen Charakters nicht nur auf Agenden der Hoheitsverwaltung, sondern auch auf die Besorgung von *privatwirtschaftlichen Aufgaben* beziehen. Aus der gesetzlichen Vorschrift, die zur Vollziehung einer Angelegenheit anzuwenden ist, ergibt sich der verantwortliche *Rechtsträger*. Dadurch wird klar, wer als vorgesetztes Organ dem nachgeordneten Organ Weisungen erteilen darf.

Beispiel: So fallen grundsätzlich die von Art 10 B-VG erfassten Angelegenheiten in die mittelbare Bundesverwaltung (Art 102 Abs 1 B-VG). Daraus ergibt sich die Unterordnung der Bezirksverwaltungsbehörde unter den LH und von diesem unter den BM. Der LH ist gegenüber der BH weisungsbefugt und seinerseits an die Weisungen des BM gebunden. Zusätzlich zum fachlichen Weisungszusammenhang besteht noch die dienstrechtliche Weisungsbindung der BH gegenüber der LReg.

3. Organeigenschaft der Weisungsgeber und Weisungsempfänger

a. Beamte und Vertragsbedienstete

Dem Wortlaut des Art 20 Abs 1 B-VG nach dürfen nur **auf Zeit gewählte, berufsmäßig ernannte Organe** und **vertraglich bestellte Organe** (s 2. Abschnitt, A.VI.) Verwaltungsgeschäfte führen. Dies entspricht dem demokratischen Baugesetz, wonach jedes Staatsorgan und jeder Staatsakt auf den Willen des Volkes rückführbar sein muss. Die Verwaltungsorgane müssen entweder unmittelbar vom Volk gewählt oder von einem Organ bestellt werden, das seinerseits unmittelbar vom Volk gewählt wurde. Gewählt (durch das Volk oder ein Organ) werden zB der BPräs, die LH, Mitglieder der LReg, die Bürgermeister; ernannt werden der BK, die BM (beide vom BPräs, der direkt gewählt wurde) und die große Anzahl von Berufsbeamten (vom BM ernannt, der wiederum vom BPräs bestellt wurde). Die Weisungsgebundenheit bei den Beamten und Vertragsbediensteten ist aufgrund von Art 20 Abs 1 B-VG klar.

b. Beliehene

Fraglich war über längere Zeit die Weisungsbindung Beliehener; dabei handelt es sich um (natürliche oder juristische) Personen privaten Rechts, denen hoheitliche Aufgaben übertragen sind und daher als Organe im funktionellen Sinn ohne organisatorische Einordnung gesehen werden. Die Jud bejaht die Weisungsbindung (der VfGH ging in seinem Erkenntnis zur Austro Control GmbH von ihrer Weisungsbindung gegenüber dem Wirtschaftsminister aus; B 2113/94 vom 14. 3. 1996), auch in der Lit überwiegt diese Ansicht mittlerweile.

c. Ausgliederung

Bei einer echten Ausgliederung, so bei der Errichtung von Gesellschaften zum Zweck der Besorgung von Aufgaben der Gebietskörperschaften, lässt sich ein Weisungszusammenhang nur mehr schwer nachweisen. Hier wird eine eigene Rechtspersönlichkeit geschaffen, deren Führungsorgane von Gesetzes wegen unabhängig agieren sollen (zB § 70 AktienG, der dem Vorstand Weisungsfreiheit zusichert). Verfassungsrechtlich bedenklich ist diese Konstruktion insbes bei der Erfüllung von öffentlichen Aufgaben, während bei rein erwerbswirtschaftlichen Tätigkeiten die Weisungsfreiheit vertretbar ist.

III. Weisungsfreie Verwaltung – Selbstverwaltung

Die Herausnahme der gemeindlichen Selbstverwaltung aus dem Weisungszusammenhang ist durch Art 115 ff B-VG verfassungsrechtlich abgesichert. Die anderen bestehenden Selbstverwaltungskörper – wie zB die Kammern, Sozialversicherungsträger oder Fremdenverkehrsverbände – erhalten ihre Weisungsfreiheit durch Art 120a bis 120c B-VG iVm Art 20 Abs 2 B-VG. Art 20 Abs 2 B-VG sieht ausdrücklich vor, dass bestimmte Kategorien von Behörden durch *einfaches Gesetz* weisungsfrei gestellt werden können. Die Möglichkeit der Weisungsfreistellung ist allerdings nicht schrankenlos, sondern bezieht sich auf die in den acht Punkten aufgelisteten Kategorien von Behörden (zB der Rechtschutzbeauftragte und dessen Stellvertreter gem § 91a SPG). Art 20 Abs 2 B-VG führt weiters aus, dass im Gegenzug ein *„angemessenes Aufsichtsrecht“* vorzusehen ist.

Innerhalb der Selbstverwaltung gelten die Weisungszusammenhänge genauso wie in der restlichen Verwaltung; den Organen der Selbstverwaltung stehen die üblichen Formen des hoheitlichen Handelns wie Bescheid, Verordnung und auch die Weisung zur Verfügung. So ist der Gemeinderat gegenüber dem Bürgermeister weisungsbefugt und in den Kammern bestehen oberste Organe, die den nachgeordneten Organen Weisungen erteilen dürfen.

IV. Nichtbefolgen einer Weisung

Die Grenzen der Weisungsbindung werden im Wortlaut des Art 20 Abs 1 B-VG ausdrücklich erwähnt. Die Weisung eines **unzuständigen Organs** ist nichtig und muss daher nicht befolgt werden.

Gleich verhält es sich mit Weisungen, bei deren Befolgung ein Verstoß gegen **strafgesetzliche Vorschriften** verwirklicht würde. Überwiegend wird hier tatsächlich nur die Verletzung des Justizstrafrechts verstanden, während Verstöße gegen das Verwaltungsstrafrecht keine Entbindung von der Gehorsamspflicht rechtfertigen (wohl aber berechtigt dies zur Ausübung des in § 44 BDG und § 5a VBG geregelten Remonstrationsrechts). Besondere Bedeutung kommt hier dem Straftatbestand des Missbrauchs der Amtsgewalt nach § 302 StGB zu, den ein staatliches Organ verletzt, wenn es seine Organfunktion wissentlich dazu missbraucht, andere in ihren Rechten zu schädigen. Unter Amtsgeschäften werden nicht nur die eigentlichen Organhandlungen wie das Erlassen von Bescheiden oder das Treffen von Verfügungen verstanden, sondern auch vorbereitende Tätigkeiten (Entscheidungsentwürfe erstellen usw).

Beispiel: So gab der VwGH der Beschwerde eines Gemeindebeamten Recht, der wegen seiner Verweigerung, eine Weisung des Bürgermeisters zu befolgen, disziplinarrechtlich zur Verantwortung gezogen wurde. Der Bürgermeister hatte ihn beauftragt, einen positiven Baubewilligungsbescheid in einer Bauverbotszone vorzubereiten, den der Bürgermeister dann unterschreiben würde. Der Weisungsempfänger verweigerte die Befolgung zu Recht, weil sie ihn mit dem Strafgesetz, nämlich § 302 StGB, in Konflikt bringen würde.

D. Weitere verfassungsrechtliche Vorgaben für die Verwaltung

I. Verschwiegenheitspflicht

1. Amtsverschwiegenheit

Die Amtsverschwiegenheit hat ihre Grundlage in Art 20 Abs 3 B-VG. Sämtliche Organe, die mit Aufgaben der staatlichen Verwaltung betraut wurden, sind hinsichtlich aller ihnen *aus ihrer amtlichen Tätigkeit bekannt gewordenen Tatsachen* verpflichtet, Geheimhaltung zu wahren, sofern dies im Interesse einer Gebietskörperschaft oder einer Partei gelegen ist. Umfasst sind sämtliche Aufgaben der Bundes-, Landes- und Gemeindeverwaltung (hoheitlich oder nichthoheitlich), mit denen die Organe betraut sind. Die organisationsrechtliche Zuordnung spielt keine Rolle. Inhaltlich bezieht sich die Amtsverschwiegenheit nur auf *geheime Tatsachen*, die dem Organ *ausschließlich* aus seiner amtlichen Tätigkeit bekannt geworden sind und an deren Geheimhaltung ein in Art 20 Abs 3 B-VG genanntes öffentliches Interesse oder ein überwiegendes Interesse einer Partei besteht. Geheim sind Tatsachen nur dann, wenn sich ihre Kenntnis auf einen geschlossenen oder schließbaren Kreis von Personen bezieht.

Der *Parteibegriff* in diesem Zusammenhang ist weiter als jener des § 8 AVG, weil er nach der Jud des VfGH alle Personen umfasst, über die den Verwaltungsorganen aus ihrer amtlichen Tätigkeit Tatsachen bekannt geworden sind, bzw „alle Personen, die aus irgendeinem Anlass mit Behörden in Berührung kommen".

Die Ablehnung des *subjektiven Rechts einer Partei auf Wahrung der Amtsverschwiegenheit* ist seit der Erlassung des Datenschutzgesetzes (DSG) hinfällig, weil seitdem jedenfalls ein verfassungsgesetzlich gewährleistetes Recht auf Geheimhaltung von personenbezogenen Daten besteht (vgl die Verfassungsbestimmung des § 1 DSG). Der Parteibegriff ist in diesem Zusammenhang sehr weit gezogen, weil er alle Personen erfasst, über die verwaltungsbehördliches Wissen im Zuge eines Verfahrens oder außerhalb besteht. Darüber hinaus kann sich ein Anspruch des Einzelnen auf Geheimhaltung aus dem Recht auf Achtung des Privat- und Familienlebens gem Art 8 EMRK ergeben. Sanktioniert wird ein Bruch der Verschwiegenheitspflicht strafrechtlich (§ 310 StGB) oder disziplinarrechtlich.

Keine Pflicht zur Amtsverschwiegenheit besteht im Verhältnis zwischen einem allgemeinen Vertretungskörper (Nationalrat, Landtag, Gemeinderat) und den vom Vertretungskörper bestellten Funktionären. So haben sich die Mitglieder der LReg den Anfragen des Landtages im Rahmen einer Interpellation zu stellen und können sich nicht auf die Verschwiegenheitspflicht berufen. Auch bei der BReg geht man von einer Auskunftspflicht gegenüber dem Nationalrat aus, obwohl sie nicht vom Nationalrat, sondern vom BPräs bestellt wird.

Beispiel: Äußert sich ein Exekutivbeamter über eine im Rahmen einer Veranstaltung durchgeführte niederschriftliche Einvernahme in Gegenwart der dort anwesenden Personen, so stellt dies einen Verstoß gegen die Amtsverschwiegenheit dar.

2. Verhältnis zur Auskunftspflicht

Außerhalb des Rahmens der Amtsverschwiegenheit sind gem Art 20 Abs 4 B-VG die Verwaltungsorgane verpflichtet, über Angelegenheiten ihres Wirkungsbereichs Auskünfte zu erteilen. Die **Auskunftspflicht** gilt sowohl in der Hoheits- als auch in der Privatwirtschaftsverwaltung, jedoch nicht für die Gerichtsbarkeit. Die Auskunftspflicht setzt gesichertes Wissen voraus, die begehrte Information muss also in den Akten sein. Die Auskunft kann mündlich oder schriftlich erteilt werden, ist aber stets nur eine mittelbare Information, nicht aber der unmittelbare Zugang zum amtlichen Dokument (durch Einsichtnahme oder Herausgabe). Mit der Auskunftspflicht gem Art 20 Abs 4 B-VG korrespondiert kein subjektives Recht auf Erteilung einer Auskunft.

II. Amtshilfe

Art 22 B-VG verpflichtet alle Organe des Bundes, der Länder und der Gemeinden – hier im Gegensatz zur Amtsverschwiegenheit im organisatorischen Sinn verstanden – zur **wechselseitigen Hilfeleistung**. Inwieweit auch Organe anderer juristischen Personen des öffentlichen Rechts zur Amtshilfe berechtigt und verpflichtet sind, obliegt der Regelung durch die besonderen Verwaltungsvorschriften.

Die Amtshilfe bezieht sich ausschließlich auf das *Verhältnis zwischen den Organen*, auch gewaltenübergreifend zwischen Verwaltung und Gerichtsbarkeit. Die Organe dürfen nur in ihrem jeweiligen gesetzmäßigen Wirkungsbereich Amtshilfe begehren und leisten, also dabei ihre Kompetenzen nicht überschreiten. Bei *Kollisionen der Hilfeleistungspflicht mit der Amtsverschwiegenheit* sind sämtliche beteiligten Interessen – öffentliches Interesse oder Interesse einer Partei an Geheimhaltung, Informationsinteresse der Behörden – abzuwägen.

Beispiel: Gewährung von Akteneinsicht gegenüber anderen Gebietskörperschaften wie Bund, Land, Gemeinden oder Behörden derselben Gebietskörperschaften untereinander (nicht aber Privatpersonen): Zumal bis dato keine allgemeine zentrale Verwaltungsstrafevidenz existiert (Ausnahmen bestehen nur in besonderen Verwaltungsmaterien, wie etwa nach dem AuslBG), erfolgt im Zuge eines Verwaltungsstrafverfahrens die Abklärung nicht getilgter Verwaltungsstrafen im Wege der Amtshilfe.

III. Amtshaftung

Das Amtshaftungsrecht bietet Bürgern, die durch ein Verwaltungshandeln geschädigt wurden, neben dem Rechtsmittelverfahren eine ergänzende Handhabe, die eine finanzielle Wiedergutmachung zum Ziel hat. Gem Art 23 Abs 1 B-VG haften die Gebietskörperschaften sowie Anstalten des öffentlichen Rechts für jenen Schaden, den die als ihre Organe handelnden Personen in Vollziehung der Gesetze durch ein rechtswidriges Verhalten schuldhaft zugefügt haben. Nähere Ausführungen finden sich im AmtshaftungsG (AHG). Der Passus *„in Vollziehung der Gesetze“* hat zur Folge, dass nur für hoheitliche Akte gehaftet wird, also im Rahmen der Gerichtsbarkeit (aber nicht für höchstgerichtliche Entscheidungen) und der Verwaltung, soweit sie hoheitlich agiert (zB für die Erlassung eines rechtswidrigen Bescheids). Eine Haftung für privatwirtschaftliches Handeln kann sich aus den allgemeinen zivilrechtlichen Vorschriften des AGBG ergeben.

Dem Geschädigten steht nicht der Organwalter gegenüber, der das Fehlverhalten setzte, sondern der – finanziell sicher besser ausgestattete – Rechtsträger, dem sein Verhalten zugerechnet wird. Hat der Organwalter grob fahrlässig oder vorsätzlich gehandelt, kann der Staat beim Schädiger Regress nehmen.

Der Amtshaftungsanspruch setzt ein rechtswidriges und schuldhaftes Verhalten eines hoheitlich handelnden Organwalters voraus, das kausal für die Entstehung eines Schadens beim Betroffenen ist. Der auf einen Geldbetrag gerichtete Anspruch ist bei den ordentlichen Gerichten geltend zu machen, die das allgemeine Zivilrecht anzuwenden haben.

Bei der **Organhaftung** haftet gem Art 20 Abs 3 B-VG ein Organwalter für jenen Schaden, den er einem Rechtsträger, für den er in Vollziehung der Gesetze handelt, durch rechtswidriges und schuldhaftes Verhalten unmittelbar zugefügt hat. Im Unterschied zur Amtshaftung ist hier kein geschädigter Dritter im Spiel, sondern der unmittelbar Geschädigte ist die juristische Person öffentlichen Rechts.

Wird einem Einzelnen durch Verletzung von Gemeinschaftsrecht (welches ihm konkrete Rechte einräumt) ein Schaden zugefügt, so kann dieser unter bestimmten Voraussetzungen im Rahmen der **Staatshaftung** geltend gemacht werden. Hier wird nicht nur für rechtswidriges hoheitliches Handeln gehaftet, sondern auch für legislatives Unrecht oder für rechtswidrige höchstgerichtliche Entscheidungen.

Vierter Abschnitt: Rechtsquellen des Verwaltungsrechts

A. Begriff der Rechtsquelle

Die österreichische Rechtsordnung kennt verschiedene Rechtsquellen. Da sämtliche Arten von Rechtsquellen Verwaltungsrecht zum Inhalt haben können, kommen grundsätzlich auch alle als Rechtsquellen des Verwaltungsrechts infrage. Die Rechtsquellen werden durch das Verfassungsrecht geschaffen, indem es die *Erzeugung bestimmter Normtypen* festlegt. So wird die Rechtsquelle „Bundesgesetz" insbes durch die Erzeugungsregeln in den Art 41 ff B-VG geschaffen, welche die Entstehung eines Bundesgesetzes vorgeben.

Neben dem Bundesgesetz, in seiner besonderen Ausprägung Bundesverfassungsgesetz, sieht das B-VG die Rechtsquellen Landesgesetz (Landesverfassungsgesetz), Staatsverträge, Gliedstaatsverträge und Verordnungen vor. Dazu kommen noch die individuellen Rechtsquellen Bescheid, Akte unmittelbarer Befehls- und Zwangsgewalt und die Weisung. Ob diese Aufzählung abschließend ist oder ob der einfache Gesetzgeber weitere Rechtsquellen schaffen darf, ist Gegenstand vieler Diskussionen.

B. Geschlossenheit des Rechtsquellensystems

Die hL und die Jud gehen von der Geschlossenheit des Rechtsquellensystems aus, also von der abschließenden Regelung der Rechtsquellen durch das Bundesverfassungsrecht. Insbesondere aus **Rechtsschutzgedanken** ist dem zu folgen, weil das öffentlich-rechtliche Rechtsschutzsystem an bestimmte Rechtsakte anknüpft (Bescheidbeschwerden beim Verwaltungsgericht, Erkenntnisbeschwerden an den VfGH, ebenda Individualanträge und Parteianträge auf Normenkontrolle („Gesetzesbeschwerde") zur Überprüfung von Gesetzen und Verordnungen). Der einfache Gesetzgeber ist demnach nicht berechtigt, neue Rechtsquellen zu schaffen, bei denen der verfassungsrechtliche Rechtsschutz ins Leere laufen würde, weil die zusätzliche Rechtsquelle in den Kontrollnormen nicht berücksichtigt ist.

Über verschiedene Brücken kommt der VfGH dennoch zur Zulässigkeit von Rechtsquellen, die im Bundesverfassungsrecht nicht aufscheinen. So ist der Typus *„Kollektivvertrag"* als von der Verfassung im Zeitpunkt ihrer Schaffung 1920 bereits vorgefundene und stillschweigend akzeptierte Rechtsquelle anerkannt. Zu *verwaltungsrechtlichen Verträgen* (s 5. Abschnitt, C.IV.4.) zwischen einer Verwaltungsbehörde und einer Privatperson erkannte der VfGH, dass sie mangels verfassungsrechtlicher Grundlage nur dann zulässig sind, wenn im Streitfall im Hinblick auf den Rechtsschutz die Erlassung eines Bescheides – also einer echten Rechtsquelle – vorgesehen ist.

C. Typen von Rechtsquellen

I. Österreichische Rechtsquellen

Das **Verfassungsrecht** bildet die Rechtsgrundlage für das Verwaltungsrecht und determiniert das Verhalten der Verwaltungsbehörden unmittelbar in vielfältiger Weise. Im Vergleich zum Verhältnis des Verfassungsrechts zum Justizrecht sind die verfassungsrechtlichen Vorgaben für die Verwaltung wesentlich umfangreicher und dichter.

Neben den Verfassungsgesetzen (Baugesetze, „einfache" Verfassungsgesetze, gemäß der bundesstaatlichen Struktur Bundes- und Landesverfassungen) stellen die **einfachen Gesetze** (Bundes- und Landesgesetze), die **allgemein anerkannten Regeln des Völkerrechtes** (Art 9 B-VG), **Staatsverträge** und **Gliedstaatsverträge** Rechtsquellen dar, die das verwaltungsbehördliche Handeln determinieren. Bezüglich der Entstehung und des Ranges dieser Rechtsquellen wird auf die verfassungsrechtliche Literatur verwiesen.

Verordnungen, Bescheide und **Weisungen** sind ebenfalls Rechtsquellen, doch werden sie von Verwaltungsbehörden selbst geschaffen und daher bei den Handlungsformen der Verwaltung behandelt (s 5. Abschnitt, B.I.–III., C.II.; 3. Abschnitt, C.).

II. Gemeinschaftsrecht

Seit dem EU-Beitritt Österreichs ist die Rechtslage durch zwei gesondert, nebeneinander bestehende und zu vollziehende Rechtsordnungen gekennzeichnet. Die Verwaltungsbehörden haben seither neben der österreichischen Rechtsordnung zusätzlich das **Gemeinschaftsrecht anzuwenden**. Hinsichtlich des Entstehungsverfahrens und des Ranges unterscheidet man das Gemeinschaftsrecht in primäres und sekundäres EU-Recht.

1. Primärrecht

Das Primärrecht („Verfassungsrecht der EU") nimmt eine besondere Stellung im Vergleich zu den übrigen Rechtsquellen der EU ein.

a. Es besteht aus den **völkerrechtlichen Verträgen**, mit denen die Mitgliedstaaten zunächst die Europäischen Gemeinschaften gegründet, in der Folge weiterentwickelt und sich nunmehr zur Europäischen Union zusammengeschlossen haben. Hier sind va die Gründungsverträge EGKS-V (Vertrag zur Gründung der europäischen Gemeinschaft für Kohle und Stahl 1951), EWG-V (Vertrag von Rom zur Gründung der europäischen Wirtschaftsgemeinschaft 1957; 1992 durch den Vertrag von Maastricht umbenannt in EG-Vertrag; seit 2007 neue Nummerierung und seit 1. 12. 2009 Vertrag über die Arbeitsweise der Europäischen Union – AEUV) und EAGV (Vertrag zur Gründung der europäischen Atomgemeinschaft 1957) zu nennen, weiters die verschiedenen Beitrittsverträge, die Einheitliche Europäische Akte (EEA 1986), der Vertrag zur Gründung der Europäischen Union (EUV, auch Vertrag von Maastricht 1992; seit Inkrafttreten des Vertrages von Lissabon am 1. 12. 2009 Vertrag über die Europäische Union – EUV), der Vertrag von Amsterdam 1998 und der Vertrag von Nizza 2000. Das Schicksal des neuen „Vertrages über eine Verfassung für Europa", der im Jahr 2004 von den Staats- und Regierungschefs der 25 Beitrittsländer unterzeichnet wurde, ist noch offen. Die notwendige Ratifikation durch alle Mitgliedstaaten scheiterte in Frankreich und in den Niederlanden an negativen Volksabstimmungen. Der EU-Verfassungsvertrag ist bis jetzt nicht in Kraft getreten.

Das zentrale Primärrecht der EU bilden nun der aufgrund des Vertrages von Lissabon geänderte **Vertrag über die Europäische Union (EUV)** und der aus dem EG-Vertrag hervorgegangene Vertrag über die **Arbeitsweise der Europäischen Union (AEUV)**, welche rechtlich gleichrangig nebeneinander bestehen.

> Gemeinsam mit dem Vertrag von Lissabon trat am 1. 12. 2009 die **EU-Grundrechtscharta** in Kraft. Sie garantiert den EU-Bürgern eine Reihe einklagbarer Rechte – neben den klassischen Grund- und Freiheitsrechten aus der Menschenrechtskonvention auch soziale Grundrechte oder die Verpflichtung der EU zum Umweltschutz. Die Mitgliedstaaten müssen die Charta bei der Umsetzung von Gemeinschaftsrecht beachten. Der VfGH hat in einer richtungsweisenden Entscheidung der Grundrechtscharta der EU in Verfahren, in denen Unionsrecht eine Rolle spielt, **Verfassungsrang** zugebilligt. Damit kann der VfGH Gesetze wegen Verstoßes gegen die Charta als verfassungswidrig aufheben, weil die Charta als Verfassungsgesetz Prüfungsmaßstab ist.

Adressaten der Verträge sind primär die durch die Verträge konstituierten Gemeinschaftsorgane und die Mitgliedstaaten, fallweise aber auch natürliche und juristische Personen (bei unmittelbarer Anwendbarkeit).

Unmittelbar anwendbar sind grundsätzlich die in den Verträgen enthaltenen **Grundfreiheiten** der EU. Die Freiheit des Warenverkehrs (Art 28, 34 ff AEUV), die Arbeitnehmerfreizügigkeit (Art 45 ff AEUV), die Niederlassungsfreiheit (Art 49 ff AEUV), die Dienstleistungsfreiheit (Art 56 ff AEUV) und die Freiheit des Kapital- und Zahlungsverkehrs (Art 63 ff AEUV) räumen dem Einzelnen unmittelbar gegen die Mitgliedstaaten durchsetzbare Rechtspositionen ein.

b. Außerhalb der Verträge gehören die ungeschriebenen **allgemeinen Rechtsgrundsätze**, die vom EuGH entwickelt wurden, zum Primärrecht der EU. Dazu gehören zB die Grundsätze der Gesetzmäßigkeit der Verwaltung, der Verhältnismäßigkeit, des Vertrauensschutzes, des rechtlichen Gehörs und der Rechtssicherheit.

2. Sekundärrecht

Das sekundäre EU-Recht wird von den EU-Organen autonom gesetzt und steht im Range unter dem Primärrecht. Der AEUV sieht in Art 288 als Rechtsquellen des Sekundärrechts Verordnungen, Richtlinien, Beschlüsse, Empfehlungen und Stellungnahmen vor.

Rechtsetzungsorgane sind alle EU-Organe außer EuGH und Rechnungshof (Art 13 EUV).

a. Verordnung

Auch die EU-Verordnung ist wie die innerstaatliche Verordnung eine abstrakt-generelle Norm. Sie ist in allen ihren Teilen verbindlich und hat *unmittelbare Geltung* in den Mitgliedstaaten. Sie verdrängt entgegenstehendes nationales Recht.

b. Richtlinie

Richtlinien richten sich an die Mitgliedstaaten und verpflichten diese zur *Umsetzung des Inhalts durch innerstaatliche Rechtsakte in nationales Recht.* Die Richtlinie soll dabei lediglich das Ziel vorgeben und den Mitgliedstaaten ist überlassen, in welcher Form und mit welchen Mitteln sie das Ziel umsetzen. Allerdings sind in der Praxis sehr detaillierte Regelungen in den Richtlinien üblich, sodass den innerstaatlichen Organen nicht sehr viel Spielraum bleibt. Grundsätzlich handelt es sich aus der Sicht der Verwaltungsbehörde bei der Vollziehung von einem durch EU-Richtlinien geregelten Bereich also um eine Vollziehung nationalen Rechts.

Nur ausnahmsweise ist jedoch den Verwaltungsbehörden aufgetragen, Richtlinien **unmittelbar anzuwenden**: wenn die zur Umsetzung der Richtlinienziele vorgegebene *Frist abgelaufen* ist, die Richtlinie *inhaltlich ausreichend bestimmt* ist, um unmittelbar angewendet zu werden, und die Richtlinie nur *zugunsten der Bürger* wirkt. Der Einzelne kann sich in diesen Fällen unmittelbar auf die in der Richtlinie normierten Rechte berufen. Die Verwaltungsbehörden haben der direkt anwendbaren Richtlinie Geltung zu verschaffen, indem sie entgegenstehendes nationales Recht unangewendet lassen. Die Jud des EuGH geht derzeit in die Richtung einer Verallgemeinerung des Eintritts der unmittelbaren Anwendbarkeit nach Ablauf der Umsetzungsfrist, auch wenn keine subjektiven Rechte der Bürger enthalten sind. Dies ist als Sanktion gegen Säumigkeit der nationalen Gesetzgeber gedacht.

c. Die übrigen EU-Rechtsakte

aa. Beschlüsse

Die Beschlüsse (vormals Entscheidungen) sind jene Rechtshandlungen der Gemeinschaft, die in der Regel *Einzelfälle* für die *Adressaten* – Mitgliedstaaten oder einzelne Bürger – rechtsverbindlich regeln. Als individuell-konkrete Rechtsakte werden sie den generellen EU-Verordnungen gegenübergestellt. Sie können auch an einen unbestimmten Adressatenkreis gerichtet sein.

Beschlüsse verfügen grundsätzlich über *unmittelbare Anwendbarkeit*, mit folgender Einschränkung: Aus einer an einen Mitgliedstaat, der es verabsäumt, die nötigen Durchführungsmaßnahmen zu setzen, gerichteten Entscheidung lässt sich eine Direktwirkung der Entscheidung für die einzelnen Bürger nur unter den gleichen Voraussetzungen wie bei der nicht fristgemäß umgesetzten Richtlinie ableiten. Auch hier soll verhindert werden, dass ein Mitgliedstaat durch sein Nicht-tätig-Werden Gemeinschaftsziele vereitelt.

bb. Empfehlungen und Stellungnahmen

Die beiden Rechtsakte sind für ihre Adressaten (Mitgliedstaaten oder einzelne Bürger) *nicht verbindlich*. Dennoch sind sie rechtlich nicht bedeutungslos, weil die Verträge bei ihrer Nichtbeachtung gewisse Rechtsfolgen vorsehen; zB die Anrufung des Gerichtshofs seitens der Kommission bzw eines anderen Mitgliedstaates.

3. Anwendungsvorrang des EU-Rechts

Der EuGH entwickelte die These vom **uneingeschränkten Vorrang des unmittelbar anwendbaren EU-Rechts** vor dem gesamten innerstaatlichen Recht des jeweiligen Mitgliedstaates. Nicht nur dem Primärrecht, sondern auch dem Sekundärrecht kommt demnach der Vorrang vor dem nationalen Recht – unabhängig vom Rang der betroffenen Norm – zu. Bei unmittelbarer Anwendbarkeit der gemeinschaftsrechtlichen Regelung bleiben entgegenstehende nationale Vorschriften damit unangewendet.

Bei auftretenden Fragen hinsichtlich der Anwendbarkeit, der Auslegung des EU-Rechts oder der Kollision mit innerstaatlichen Normen, haben die **nationalen Gerichte** eine **Vorabentscheidung des EuGH gem Art 267 AEUV (ex Art 234 EGV)** einzuholen. Dazu unterbrechen sie das anhängige Verfahren und setzen es nach Erhalt der Entscheidung des EuGH fort.

III. Verpflichtungen der Verwaltungsbehörden aufgrund des Gemeinschaftsrechts

1. Vorrangige Anwendung des Gemeinschaftsrechts

Den **Verwaltungsbehörden** kommt die Kompetenz zur Einholung einer Vorabentscheidung bei Unklarheiten *nicht* zu und dennoch sind sie verpflichtet, widersprechendes nationales Recht unangewendet zu lassen. Die Konsequenz ist ein absolutes Novum für das österreichische Verfassungsrecht, weil die Verwaltungsbehörden vom sturen Normenvollzug losgelöst agieren müssen und eine *Prüfungskompetenz* wahrzunehmen haben, im Rahmen derer sie beurteilen müssen, in welchen Fällen nationales Recht von unmittelbar anwendbarem EU-Recht verdrängt wird. Diese Aufgabe bildet für die öffentliche Verwaltung wohl die größte Herausforderung, die sich aus der EU-Mitgliedschaft Österreichs aus der Sicht der Verwaltungsbehörden ergibt.

Das Unionsrecht stellt für die Verwaltungsbehörden eine neue Rechtsordnung von beträchtlichem Umfang und Unübersichtlichkeit dar, die sie nun neben dem österreichischen Normenbestand anzuwenden haben. Durch dieses Hinzutreten einer zweiten europäischen Rechtsordnung geraten mehrere verfassungsrechtliche Grundsätze ins Wanken:

2. Lehre vom Fehlerkalkül

Das Prinzip des Fehlerkalküls, wonach generelle Rechtsvorschriften, selbst wenn sie fehlerhaft sind, von den Vollzugsorganen so lange anzuwenden sind, bis sie aufgehoben werden, wird durch das unmittelbar anwendbare EU-Recht durchbrochen.

Nun haben die Verwaltungsbehörden über die Anwendbarkeit von innerstaatlichen Gesetzen, Verordnungen und Staatsverträgen anhand des Kriteriums der Überlagerung durch das EU-Recht zu befinden und gegebenenfalls das österreichische Recht beiseitezulassen. Da gem Art 267 AEUV nur die *„mitgliedstaatlichen Gerichte"* vorlageberechtigt sind, kommt bei Verwaltungsverfahren mit europarechtlichem Bezug die Einleitung eines Vorabentscheidungsverfahrens erst im Stadium des verwaltungsgerichtlichen Verfahrens in Betracht.

Die **Verwaltungsgerichte** sind (so wie die mit Einführung der zweistufigen Verwaltungsgerichtsbarkeit aufgelösten *UVS* und *Kollegialbehörden mit richterlichem Einschlag*) als Gerichte iSd Art 267 AEUV zu qualifizieren und daher selbst vorlageberechtigt. § 38a AVG spricht zwar von vorlageberechtigten Behörden, doch sind hier nur diese „gerichtsähnlichen" Verwaltungsbehörden gemeint.

Beispiel: Der VwGH führte in einer Entscheidung aus dem Jahr 1995 in Zusammenhang mit einem Bescheid der Stmk LReg aufgrund des Stmk NaturschutzG und EU-Naturschutzrichtlinien aus, dass alle Träger öffentlicher Gewalt – nationale Gerichte und Verwaltungsbehörden – verpflichtet sind, auf den durch den EU-Beitritt übernommenen Rechtsbestand Bedacht zu nehmen. In Bezug auf Richtlinien, deren Umsetzungsfrist noch nicht abgelaufen ist, bedeutet dies, dass die Behörden die bestehenden nationalen Regelungen *richtlinienkonform zu interpretieren* haben.

Weiters führte der VwGH in Wiedergabe der Ansicht des EuGH aus, dass nach Fristablauf eine Richtlinie, wenn sie inhaltlich ausreichend determiniert ist und die Rechtsunterworfenen ausschließlich berechtigt, *unmittelbare Wirkung* entfalten kann. In diesem Fall ist sie hinsichtlich ihrer Wirkung wie eine EU-Verordnung zu behandeln. Gerichte und Verwaltungsbehörden sind nunmehr verpflichtet, zu überprüfen, ob die unmittelbare Wirkung gegeben ist, und im positiven Fall das EU-Recht unmittelbar anzuwenden sowie entgegenstehende nationale Bestimmungen beiseitezulassen.

3. Legalitätsprinzip

Ein weiteres Problem liegt darin, dass für das Gemeinschaftsrecht nicht der gleiche Maßstab hinreichender Bestimmtheit genereller Rechtsvorschriften, wie er aufgrund des Legalitätsprinzips gem Art 18 Abs 1 B-VG für österreichische Vorschriften gilt, angelegt wird. Für die Verwaltungsbehörden (und für die Gerichte) bedeutet dies, dass sie mit dem Gemeinschaftsrecht eine weniger detailliert regelnde Rechtsordnung anzuwenden haben, die ihnen dadurch einen *größeren Entscheidungsspielraum* einräumt.

Beispiel: Art 69 Abs 2 der Verordnung des Rates 1408/71, ABl L 149, erlaubte es einem Arbeitslosen, sich für drei Monate zum Zweck der Arbeitssuche in einen anderen Mitgliedstaat zu begeben und sich während dieser Zeit nicht zur Verfügung der Arbeitsverwaltung des zuständigen Staates zu halten, ohne den Anspruch auf Arbeitslosengeld zu verlieren. „In Ausnahmefällen kann die zuständige Arbeitsverwaltung oder der zuständige Träger diese Frist verlängern."

Art 69 Abs 2 der Verordnung gab der Behörde *keine weiteren Kriterien* für die Fristverlängerung vor. Wäre diese Regelung in einem österreichischen Gesetz enthalten, würde der VfGH sie als verfassungswidrig wegen Vorliegens einer *formalgesetzlichen Delegation* aufheben.

4. Auswirkungen bei Nichtanwendung von Gemeinschaftsrecht

a. Bescheid

Verletzt eine bescheiderlassende Verwaltungsbehörde die Pflicht zur Anwendung von unmittelbar geltendem Gemeinschaftsrecht, so kann dies von den betroffenen Parteien im Rechtsmittelweg bei den Verwaltungsgerichten releviert werden. Letztlich erkennt der VwGH über Revisionen, in denen im Ergebnis die Rechtswidrigkeit von Bescheiden der Verwaltungsbehörden behauptet wird. Bei Zweifel über die Gültigkeit bzw die Auslegung des Gemeinschaftsrechts ist der VwGH zur Vorlage an den EuGH verpflichtet.

Der Begriff der *„Rechtswidrigkeit von Bescheiden"* umfasst als Prüfungsmaßstab nicht nur die österreichischen Vorschriften, sondern auch das unmittelbar anwendbare Recht der Europäischen Gemeinschaften. Es können sowohl die fehlerhafte Anwendung des Gemeinschaftsrechts als auch dessen rechtswidrige Außerachtlassung vor dem VwGH geltend gemacht werden. Diese Möglichkeit entspricht der Rechtsprechung des EuGH, welche die Mitgliedstaaten verpflichtet, den Bürgern **effektiven Rechtsschutz** bei der Verletzung unmittelbar wirksamen Gemeinschaftsrechts zu gewährleisten.

b. Verordnung

Hingegen führt die Gemeinschaftsrechtswidrigkeit einer verwaltungsbehördlichen **Verordnung** nicht zur Aufhebung durch den VfGH im Rahmen seiner Normenkontrolle gem Art 139 B-VG. Der VfGH verneint in seiner Judikatur, dass Gemeinschaftsrecht ein Maßstab der verfassungsgerichtlichen Normenkontrolle darstelle. Das Gemeinschaftsrecht sei nach Ansicht des VfGH weder Verfassungsrecht iSd Art 140 B-VG noch Gesetzesrecht iSd Art 139 B-VG. Anträge auf Aufhebung einer Verordnung oder eines Gesetzes wegen Gemeinschaftsrechtswidrigkeit werden vom VfGH daher als unzulässig zurückgewiesen.

> Hingegen bildet die Grundrechtecharta der EU, wie der VfGH in einer Entscheidung erkannt hat, einen Maßstab für die Gesetzes- und Verordnungskontrolle.

Gleichzeitig ist innerstaatliches Recht, das unionsrechtlich determiniert ist, der Normenkontrolle des VfGH entzogen. Der VfGH hat selbst auch den Anwendungsvorrang zu berücksichtigen, sowohl bei eventuell entgegenstehenden einfachen Gesetzen als auch bei Verfassungsgesetzen (**keine Kontrolle von Gemeinschaftsrecht durch den VfGH**).

> Befindet sich der VfGH in der Situation, dass bei einem anhängigen Verfahren (zB aufgrund einer Erkenntnisbeschwerde gem Art 144 B-VG gegen das Erkenntnis eines Verwaltungsgerichts) eine entscheidungserhebliche innerstaatliche Vorschrift anwendbar ist, die Gemeinschaftsrecht widerspricht, so hat er die gemeinschaftsrechtliche Norm anzuwenden. Wie jede andere Behörde hat er die nationale Norm wegen der Verdrängung durch das Gemeinschaftsrecht beiseitezulassen, ohne jedoch von Amts wegen ein Verordnungs- oder Gesetzesprüfungsverfahren einzuleiten. Stellt sich im Zuge dieses Vorgangs eine Frage zur Auslegung des Gemeinschaftsrechts, ist auch der VfGH berechtigt bzw verpflichtet, eine Vorabentscheidung einzuholen.

Fünfter Abschnitt: Das hoheitliche Verwaltungshandeln

A. Verwaltungshandeln außerhalb der klassischen Kategorien

Bei einer Abhandlung über die Hoheitsverwaltung geht es um die Darstellung der formalisierten Verwaltungsakte, so va der Verordnung und des Bescheids. Zu beachten ist jedoch, dass es außerhalb dieser klassischen Kategorien des Verwaltungshandelns zahlreiche weitere Handlungsformen gibt. Ersichtlich wird dies, wenn man sich vor Augen führt, wie vielfältig die Aufgaben sind, die von Verwaltungsbehörden in Hoheitsverwaltung bewältigt werden müssen. Dazu vorweg eine gruppenweise Darstellung dieser Verwaltungstätigkeiten (nach *Raschauer*):

- **Verwaltung der Verwaltung:** Vergleichbar mit der Justizverwaltung, muss die Staatsfunktion Verwaltung zB durch Personal- und Sachmittelverwaltung in Gang gehalten werden. Zur Besorgung dieser Aufgaben können dienstrechtliche Bescheide oder Weisungen ergehen, doch eine Vielzahl von Handlungen findet außerhalb dieser Kategorien statt; zB der gesamte Ankauf der nötigen Sachmittel wie die Einrichtung, Schreibmaterial oder Glühbirnen.
- **Planung:** Im Vorfeld von politischen Entscheidungen sind umfassende Daten, Statistiken oder Entwürfe zu erstellen, die zur Festlegung eines Plans führen. Die Pläne können wie generelle Weisungen wirken, wie der Flächenwidmungsplan als Verordnung kundgemacht werden oder sie haben keine bestimmte Form und dienen lediglich der Dokumentation.
- **Rechtssetzung:** Die Verwaltung hat auf den unterschiedlichsten Gebieten generell-abstrakte Regelungen zu treffen. Dafür steht ihr nicht nur die Form der Verordnung gem Art 18 Abs 2 B-VG und der generellen Weisung zur Verfügung, sondern auch andere Typen wie zB Empfehlungen, Mitteilungen oder Erlässe.
- **Entscheidungen:** Das Fällen von Entscheidungen bildet den Schwerpunkt der Verwaltungstätigkeit, wobei nur ein Teil davon als Bescheid ergeht oder förmlich zu beurkunden ist. Der Großteil findet außerhalb dieser Handlungsformen statt: zB die Einleitung eines Verfahrens, die Anberaumung einer Verhandlung, die Bestellung eines Gutachters, die Zuschlagserteilung, die Sanierung staatlicher Gebäude usw.
- **Erbringung von individuellen Leistungen und Leistungen für die Allgemeinheit:** Aufgrund von Entscheidungen werden die unterschiedlichsten Leistungen an Einzelpersonen erbracht, wie zB die Auskunftserteilung, die Urkundenausstellung, Auszahlungen von Familienbeihilfe oder Arbeitslosenunterstützung. Die Leistungen beruhen teils auf einem Hoheitsakt, teils werden sie nur faktisch erbracht. Genauso verhält es sich mit den Leistungen, die der Allgemeinheit zugutekommen; zB der Bau und Erhalt von Straßen, Schulen oder Spitälern.
- **Rechtsdurchsetzung:** Ein wesentlicher Teil der Verwaltungsaufgaben besteht in der Überwachung der Einhaltung der Rechtsvorschriften durch die Rechtsunterworfenen und der Reaktionen auf rechtswidrige Handlungen. Die Sicherheits- und die Verwaltungspolizei haben zB Anlagen zu überprüfen, Hausdurchsuchungen vorzunehmen und je nach Verwaltungsvorschrift mit Abmahnungen, Beschlagnahme, Schließung oder Bestrafung zu reagieren. Viele dieser Akte stellen Maßnahmen unmittelbarer Befehls- und Zwangsgewalt oder Vollstreckungsakte dar, doch ein Teil befindet sich außerhalb dieser Form.

Aus dieser Aufzählung wird klar, dass ein sehr großer Teil des Verwaltungshandelns außerhalb der formalisierten Formen von Verwaltungshandeln stattfindet. Aus Deutschland stammt der für diese unterschiedlichsten Tätigkeiten verwendete Sammelbegriff des **„informellen Verwaltungsrechts"**.

In der Folge werden nun die Typen des klassischen Verwaltungshandelns dargestellt:

B. Die Rechtssetzungsbefugnis der Verwaltungsbehörden

I. Durchführungsverordnung

Die Verwaltungsbehörden sind nicht nur gesetzesvollziehend tätig, sie erlassen selbst auch generell-abstrakte Rechtsvorschriften in Form von Verordnungen (Gesetze „im materiellen Sinn“). Die Verordnung ist im verfassungsrechtlichen Rechtsquellensystem vorgesehen, wobei die Bundesverfassung in Art 18 Abs 2 B-VG eine eigenständige Ermächtigung zur Erlassung von Durchführungsverordnungen für sämtliche Verwaltungsbehörden enthält. Die Verordnung ist zugleich Quelle des Verwaltungsrechts und Erzeugnis der Verwaltung.

Unter einer Verordnung ist eine **von Verwaltungsbehörden im Bereich der Hoheitsverwaltung erlassene generelle außenwirksame Norm** zu verstehen. Es gibt keine Bezeichnungspflicht als „Verordnung“.

1. Verfassungsrechtliche Grundlage (s 3. Abschnitt, B.II)

Art 18 Abs 2 B-VG ermächtigt Verwaltungsbehörden, aufgrund der Gesetze innerhalb ihres Wirkungsbereiches Verordnungen zu erlassen. „Auf Grund der Gesetze“ bedeutet, dass bestehende gesetzliche Regelungen nur **konkretisiert** werden dürfen (daher **„Durchführungsverordnung“**). Es dürfen keine neuen Organe, Rechte oder Pflichten (zB neue Straftatbestände) in den Verordnungen vorgesehen werden.

Voraussetzung für die Erlassung von Durchführungsverordnungen durch die Verwaltungsbehörden ist eine *taugliche – die wesentlichen Elemente enthaltende – gesetzliche Grundlage*. Die Regelungen des Gesetzgebers müssen gem Art 18 Abs 2 B-VG hinreichend bestimmt sein und den Inhalt der Verordnung damit vorzeichnen. Bloß formale Ermächtigungen – ohne nähere materielle Determinierung – zur Regelung einer Angelegenheit durch Verordnung (verfassungswidrige **formalgesetzliche Delegation**) sind ihm untersagt. Die Eignung eines einfachen Gesetzes als Grundlage für eine Verordnung wird letztlich vom VfGH im Einzelfall entschieden. Ausreichende Bestimmtheit prüft er daraufhin, ob aus dem Gesetz „alle wesentlichen Merkmale der beabsichtigten Regelung in Verordnungsform“ abgeleitet werden können.

Einer besonderen **einfachgesetzlichen Ermächtigung** bedarf es für die Verordnungserlassung nicht mehr; die Behörden können ihre Verordnungen unmittelbar auf die Ermächtigung in Art 18 Abs 2 B-VG stützen. Aus einer einfachgesetzlichen Verwaltungsvorschrift kann sich aber die *Pflicht* zur Erlassung einer Verordnung ergeben.

Die Verwaltungsbehörden dürfen nur **innerhalb ihres Wirkungsbereiches** Verordnungen erlassen. Dies bedeutet eine Beschränkung auf die *räumliche Zuständigkeit* (die Verordnung des Gemeinderates ist nur im Gemeindegebiet verbindlich [wie der Flächenwidmungsplan], die einer Landesregierung im jeweiligen Bundesland) und auf die *sachliche Zuständigkeit* der Behörde, die sich aus dem jeweiligen Materiengesetz ergibt. Maßstab für den sachlichen Wirkungsbereich einer Verwaltungsbehörde ist ihre Befugnis zur Erlassung von Bescheiden (oder Ausübung von Befehls- und Zwangsgewalt); soweit diese Zuständigkeit aufgrund eines einfachen Gesetzes verliehen wird, ist die Behörde auch zur Verordnungserlassung befugt.

2. Die einzelnen Merkmale der Durchführungsverordnung

a. Akt der Verwaltung

Nur *Verwaltungsorgane* können Verordnungen erlassen. Damit scheiden Beschlüsse von Gesetzgebungsorganen (zB Geschäftsordnung des Bundesrates oder der Landtage) oder generelle Justizakte aus dem Verordnungsbegriff aus. Zur Erlassung der Verordnungen sind nicht nur die obersten Verwaltungsorgane, sondern auch die untergeordneten Behörden wie zB die Bezirksverwaltungsbehörden berechtigt.

Mit hoheitlichen Befugnissen ausgestattete Private *(Beliehene)* können im Rahmen ihrer verliehenen Hoheitsgewalt Verordnungen erlassen.

b. Genereller Akt

Verordnungen sind Regelungen mit einem generell gefassten persönlichen Anwendungsbereich, also laut VfGH mit einem *„nach Gattungsmerkmalen bestimmten Adressatenkreis"*. Dieses Merkmal ist der entscheidende Unterschied zum Verwaltungsakt ieS (siehe C.I.4.), insbes zum Bescheid. Die Entscheidung, ob ein Hoheitsakt in Verordnungs- oder Bescheidform ergehen soll, ist vom Gesetzgeber unter Berücksichtigung des Kreises der Betroffenen (konkrete Personen oder generelle Gruppe) zu fällen. Nicht immer lässt sich der Adressatenkreis genau und eindeutig abgrenzen.

Beispiel: Das OÖ StraßenG 1991 sieht die Erklärung einer Fläche zum öffentlichen Gut mit Verordnung vor, das Ktn StraßenG nimmt die Öffentlicherklärung indessen mit Bescheid vor. Beides ist vertretbar, weil sowohl die Rechtssphäre von bestimmten Personen (Belastung der Grundeigentümer) als auch diejenige der Allgemeinheit (Benutzungsrecht für jedermann) betroffen ist.

Ein weiteres Beispiel ist § 34 WRG, der zum Schutz von Wasserversorgungsanlagen neben der Möglichkeit der bescheidmäßigen Festlegung von Wasserschutzgebieten durch die Bezirksverwaltungsbehörde (Abs 1), die Erlassung von Schongebietsverordnungen durch den LH (Abs 2) bzw dem BM für Land- und Forstwirtschaft, Umwelt und Wasserwirtschaft (Abs 2a) vorsieht, wobei letztere dem Schutz der allgemeinen Wasserversorgung dienen müssen.

Unterlässt der Gesetzgeber eine bindende Regelung, ob eine Angelegenheit mittels Verordnung oder Bescheid erledigt werden soll, so hat die Verwaltungsbehörde den Adressatenkreis abzuschätzen und dementsprechend vorzugehen. Bei Zweifel hat sie die „überwiegende rechtliche Betroffenheit" und den **Rechtsschutz** (Verordnungen können nicht unmittelbar mit Rechtsmitteln, sondern nur indirekt unter bestimmten Voraussetzungen mit einem Individualantrag bekämpft werden und werden nicht rechtskräftig) abzuwägen. Unzulässig ist jedenfalls die bloß zum Schein verwendete Verordnungsform, wenn in Wahrheit nur ganz bestimmte Personen betroffen sind *(„verschleierte Verfügung in Verordnungsform")*. Solche Verordnungen sind mit Rechtswidrigkeit belastet, weil sie insbes den Rechtsschutz der Betroffenen umgehen.

c. Hoheitsakt

Verordnungen ergehen im Rahmen der hoheitlichen Verwaltung. Maßnahmen der nichthoheitlichen Verwaltung, wie zB die Hausordnung für ein im Eigentum einer Gebietskörperschaft stehendes Wohnhaus, können den Verordnungsbegriff nicht erfüllen. Als Hoheitsakte entstehen Verordnungen durch einseitige Anordnung der Behörde und nicht durch Willensübereinkunft mit den Betroffenen. Die zunehmende Einbindung potentieller Adressaten im Verordnungserlassungsverfahren in Form von Anhörungs- und Stellungnahmerechten ändert mangels Bindungswirkung für die Behörde nichts an der *Einseitigkeit der Anordnung.*

d. Außenwirksamkeit

Als außenwirksame Regelungen berühren Verordnungen die Rechtssphäre ihrer Adressaten, indem sie subjektive Rechte oder Pflichten für die Rechtsunterworfenen normieren. Um Außenwirksamkeit zu erlangen, müssen Verordnungen gehörig und gesetzmäßig **kundgemacht** werden. Ist die Kundmachung nicht einfachgesetzlich geregelt, hat sie in der Weise zu geschehen, dass die Adressaten Kenntnis erlangen können *(„ortsübliche Kundmachung")*. Um der Nichtigkeit zu entgehen, verlangt der VfGH zumindest ein „Mindestmaß an Publizität". Die Bezeichnung als Verordnung ist nicht konstitutiv.

Die Außenwirksamkeit ist der charakteristische Unterschied zur *generellen Weisung*, die sich nur an unterstellte Verwaltungsorgane (intern) zwecks Regelung ihrer Organkompetenzen richtet (zB Erlässe, Dienstanweisungen). Sind subjektive Rechte von Organwaltern betroffen, liegt keine Weisung, sondern eine Verordnung vor, weil sie in ihrer Stellung als Private (= Außenstehende) und nicht als Organwalter betroffen werden. Die generellen Weisungen werden häufig als **Verwaltungsverordnungen** bezeichnet und den sog Rechtsverordnungen iSd Art 18 Abs 2 B-VG gegenübergestellt. Beides sind generelle Regelungen, jedoch mit unterschiedlichem Adressatenkreis: Die Rechtsverordnung richtet sich an die Rechtsunterworfenen, die Außenstehenden, die – zumindest im durch die Verordnung geregelten Sachverhalt – keine Organfunktion ausüben und die Verwaltungsverordnung ist ausschließlich an die Menschen als Organwalter im Innenverhältnis adressiert.

Umstritten ist die Frage, ob der *Verordnungsbegriff des B-VG* auch die Verwaltungsverordnungen umfasst. Dies hätte die Prüfungs- und Aufhebungsbefugnis des VfGH gem Art 139 B-VG zur Folge. Ein Teil der Lehre (zB *Adamovich*) und der VfGH bejahen in gewissen Fällen die Verordnungsqualität der Verwaltungsverordnung, während andere Autoren *(Walter/Mayer, Antoniolli/Koja)* und der VwGH die verfassungsrechtliche Grundlage der Verwaltungsverordnung als generelle Weisung in Art 20 Abs 1 und nicht in Art 18 Abs 2 B-VG sehen und eine Kontrolle durch den VfGH verneinen.

e. Normativer Inhalt

Eine Verordnung liegt nur dann vor, wenn an ihre Erlassung Rechtsfolgen geknüpft sind. Es müssen also Rechte gestaltet oder festgestellt werden. Dadurch unterscheidet sich die Verordnung von bloß unverbindlichen Berichten oder etwa Broschüren, mit denen keinerlei Rechtsverhältnisse verändert werden sollen.

II. Das Satzungsrecht der Selbstverwaltungskörper

Charakteristisch für die Selbstverwaltung ist ihr Anspruch, ihre eigenen Angelegenheiten autonom durch eigenes Recht selbst zu regeln (**„Selbstgesetzgebung"**). Dies geschieht in der Form von sog *Satzungen*, die Fragen der Organisation, der Mitgliedschaft oder der Finanzierung regeln (zB Geschäfts-, Wahl-, Standes- oder Leistungs- und Umlagenordnungen). Der Begriff „Satzung" ändert nichts an ihrem Charakter als *Verordnung gem Art 18 Abs 2 B-VG*. Sie sind in gleichem Maße an die Vorgabe in der einfachgesetzlichen Grundlage wie die restlichen Durchführungsverordnungen gebunden. Der einzige Unterschied besteht im erlassenden Organ, das im Fall der Satzung nicht eine staatliche Verwaltungsbehörde des Bundes oder der Länder, sondern ein Organ eines Selbstverwaltungskörpers ist.

III. Selbständige Verordnung

Neben der allgemeinen Ermächtigung zur Erlassung von Durchführungsverordnungen in Art 18 Abs 2 B-VG gibt es eine Reihe von besonderen verfassungsrechtlichen Ermächtigungen zur Erlassung von selbständigen Verordnungen. Die selbständigen Verordnungen sind nicht in einer den Durchführungsverordnungen vergleichbaren Weise durch ein einfaches Gesetz determiniert, weil sie im Rang unter der Verfassung stehen (*verfassungsunmittelbare* Verordnungen). Zu unterscheiden sind die gesetzesvertretenden, gesetzesergänzenden und die gesetzändernden Verordnungen.

Die **gesetzesvertretenden** Verordnungen treten an die Stelle eines Gesetzes, da die Regelung ihres Gegenstandes verfassungsrechtlich der Verordnungsform vorbehalten ist. Gegen bestehende Gesetze dürfen diese Verordnungen nicht verstoßen. ZB sieht Art 103 Abs 2 B-VG für die Aufgabenverteilung innerhalb der LReg die Erlassung einer Verordnung (Geschäftsordnung) der LReg vor.

Die **gesetzesergänzenden** Verordnungen ergehen wie die gesetzesvertretenden Verordnungen im gesetzesfreien Raum und dürfen bestehenden Gesetzen nicht widersprechen. Allerdings ist in diesen Fällen die Regelung einer Angelegenheit nicht der Verordnungsform vorbehalten, sondern die Erlassung der gesetzesergänzenden Verordnung ist nur so weit zulässig, als eine gesetzliche Regelung (noch) nicht vorhanden ist. Durch die Erlassung eines einfachen Gesetzes kann dieser Verordnung derogiert werden. Die ortspolizeilichen Verordnungen der Gemeinde gem Art 118 Abs 6 B-VG zählen zB zu den gesetzesergänzenden Verordnungen.

Die **gesetzändernden** Verordnungen haben die Kraft, Gesetze abzuändern. Aufgrund dieser weitreichenden Wirkung finden sich im Verfassungsrecht kaum Ermächtigungen zur Erlassung dieser Verordnungsform. Zu nennen sind zB das Notverordnungsrecht des BPräs gem Art 18 Abs 3 bis 5 B-VG und der LReg gem Art 97 Abs 3 und 4 B-VG.

C. Der Verwaltungsakt

Zur Aufgabenerfüllung stehen den Verwaltungsbehörden verschiedene Handlungsalternativen zur Verfügung. Als **Verwaltungsakte im weiteren Sinn** sind zunächst alle Handlungen von Verwaltungsorganen zu verstehen. Diese Definition dient lediglich zur Abgrenzung des Verwaltungshandelns von den Staatsakten der Gesetzgebung und der Gerichtsbarkeit. Konzentriert man sich auf die für die Verwaltungsbehörden charakteristische Tätigkeit, nämlich den Einsatz ihrer Hoheitsgewalt in Form von Bescheiden oder Maßnahmen unmittelbarer Befehls- und Zwangsgewalt, ergibt sich ein engerer Verwaltungsaktbegriff und es filtern sich folgende typische Merkmale heraus.

I. Verwaltungsakt im engeren Sinn

1. Hoheitlicher Charakter

Der Verwaltungsakt im engeren Sinn schließt sämtliche Akte der Privatwirtschaftsverwaltung aus, weil das Handeln eines Verwaltungsorgans mit hoheitlichem Charakter verlangt wird. Ein Verwaltungsakt wird gesetzt, wenn ein Verwaltungsorgan, das gesetzlich mit hoheitlichen Funktionen betraut wurde, in Ausübung dieses *imperiums* tätig wird.

2. Einseitigkeit

Wenn auch das Verständnis früherer Zeiten vom Verwaltungsakt als *Befehl* an die Bürger aufgrund des Hinzukommens vielfältiger leistender Verwaltungsaufgaben (zB Vergabe von Förderungen) nicht mehr zeitgemäß ist, so bleibt doch die formelle Einseitigkeit des Willensakts im Gegensatz zur Willensübereinstimmung beider Parteien beim Vertrag ein Begriffselement des Verwaltungsaktes.

3. Außenwirkung

Der Verwaltungsakt im engeren Sinn ergeht im Außenverhältnis; er beschränkt sich also nicht auf den verwaltungsinternen Bereich, sondern richtet sich an die *Rechtsunterworfenen* und berührt deren subjektive Rechte. Rechtliche Außenwirksamkeit entsteht mit der *Kundgabe* des Verwaltungsaktes (zB Zustellung bei Bescheid; bei den verfahrensfreien Verwaltungsakten die Setzung des faktischen Verhaltens, zB das Abschleppen eines Autos durch die Straßenpolizei). Damit fallen sämtliche internen Vorbereitungshandlungen (Erledigungsentwürfe, Planungen), aber auch die Weisungen trotz ihres hoheitlichen Charakters aus dem Begriff des Verwaltungsaktes ieS heraus.

4. Individueller Charakter

Vom Verwaltungsakt ieS sind nur individuelle Akte umfasst; dh, es wird ein **Einzelfall erledigt.** Um diese Einzelakte von Allgemeinregelungen (insbes Verordnungen) zu unterscheiden, stellen die hL und die Jud auf den *Normadressaten* ab. Richtet sich eine Anordnung an die Allgemeinheit oder an eine nach Gattungsmerkmalen bestimmte Bevölkerungsgruppe, so liegt eine generelle Norm vor, während sich der Verwaltungsakt ieS an individuell bestimmte Personen (Angabe des Namens, der Adresse) richtet.

Ein weiterer Hinweis für die Individualität eines Verwaltungsaktes ist sein **konkreter Inhalt** im Vergleich zum abstrakten Inhalt einer Verordnung. Ein konkreter Akt kann nicht mehr präzisiert werden und seine Realisierung ist nur durch einen einzigen Sachverhalt möglich; zB die Erlassung eines Baubewilligungsbescheides für Herrn X. Verordnungen haben im Vergleich dazu einen abstrakteren Inhalt, der einer weiteren Präzisierung zugänglich ist; zB werden aufgrund des Flächenwidmungsplanes einer Gemeinde und der Bauordnungen Baubescheide erlassen.

Schwierigkeiten bei der Abgrenzung können bei Akten entstehen, die sowohl individuelle als auch generelle Elemente enthalten. So werden Widmungsänderungen im Flächenwidmungsplan stets als Verordnung erlassen, auch wenn nur ein einziges Grundstück betroffen ist; für Baustoffzulassungen ist in den Landesgesetzen teils eine Verordnung, teils ein Bescheid vorgesehen.

Entscheidend ist die Einstufung als genereller oder individueller Akt (meist taucht die Abgrenzungsschwierigkeit zwischen Verordnung und Bescheid auf) für den **Rechtsschutz**. Gegen einen rechtswidrigen Bescheid lässt sich mit der Beschwerde auf unkomplizierte Weise für den Betroffenen eine Überprüfung der Entscheidung durch das Verwaltungsgericht herbeiführen, während die Bekämpfung einer Verordnung mit einem Individualantrag gem Art 139 B-VG oder mit einer Anregung im Erkenntnisbeschwerdeverfahren gem Art 144 B-VG beim VfGH der aufwändigere (und weit weniger aussichtsreiche) Weg ist.

Zu beachten ist jedoch, dass seit der Verwaltungsgerichtsbarkeits-Novelle 2012 bereits im Beschwerdeverfahren vor den VwG die Möglichkeit besteht, Bedenken gegen eine vom VwG anzuwendende Verordnung vorzutragen und damit das gem Art 139 Abs 1 Z 1 B-VG antragsberechtigte VwG zur Antragstellung an den VfGH zu veranlassen. Darüber hinaus wurde mit der Einführung des Parteiantrages auf Normenkontrolle (Gesetzesbeschwerde) per 1. 1. 2015 auch den Parteien eines Zivil- oder Strafverfahrens die Möglichkeit eröffnet, aus Anlass eines gegen die erstinstanzliche Entscheidung erhobenen Rechtsmittels beim VfGH die Aufhebung eines im Gerichtsverfahren angewendeten Gesetzes oder einer dort angewendeten Verordnung zu beantragen.

5. Rechtsgestaltende Funktion

Verwaltungsakte ieS greifen in die Rechtsposition der von ihnen Betroffenen ein, indem sie Rechte verleihen, abändern oder aufheben. Möglich sind weiters die Regelung von Leistungspflichten, die Feststellung von Rechten oder die Vornahme eines faktischen Eingriffs in Rechte.

Das erste Element der Normativität eines Verwaltungsaktes besteht in der **Rechtsbetroffenheit**. Gemeint ist damit die Beeinträchtigung von subjektiven öffentlichen Rechten, die keine konstante Größe darstellen, sondern sich stetig mit den Materiengesetzen wandeln.

Das zweite Element bildet die **Gestaltungswirkung** des Verwaltungsaktes. Hier geht es um die Abgrenzung von den regelnden (rechtserzeugenden) und bloß rechtserheblichen, nur tatbestandswirkenden Akten, die den Verwaltungsaktbegriff nicht erfüllen. Grundsätzlich stehen die Verwaltungsakte als Anordnungen (Ge- und Verbote, rechtsverbindliche Feststellungen) bloßen Belehrungen, Mitteilungen oder Anfragen gegenüber.

Zusammenfassend stellt sich der Verwaltungsakt ieS anhand dieser Kriterien als **hoheitlicher, außenwirksamer, individueller und rechtsgestaltender Akt einer Verwaltungsbehörde** dar. Auf der Grundlage dieser Definition sind zwei Typen von Verwaltungsakten ieS zu unterscheiden, nämlich der Bescheid und der Akt unmittelbarer Befehls- und Zwangsgewalt.

II. Der Bescheid

Die detaillierte Darstellung des Bescheids bleibt dem Skriptum „Verwaltungsverfahrensrecht“ vorbehalten. Hier sollen nur die Grundzüge dargestellt werden.

1. Begriff

Im Rahmen ihrer Vollzugsaufgaben haben die Verwaltungsbehörden gegenüber den Rechtsunterworfenen Entscheidungen zu fällen, die diese in ihrer Rechtssphäre betreffen; zB die Erteilung oder Versagung einer Baubewilligung. Das den Behörden zur Erledigung der Angelegenheit zur Verfügung stehende Rechtsinstrument ist der Bescheid. Der *Bescheidbegriff* findet sich sowohl im Verfassungsrecht (zB Art 130, 132 B-VG) als auch auf einfachgesetzlicher Ebene (va in den Verfahrensgesetzen wie dem AVG). Trotz dieser institutionellen Garantie findet sich keine Legaldefinition des Bescheids. Die Lehre und die Judikatur entwickelten folgende Definition:

Bescheide sind jene **hoheitlichen Erledigungen der Verwaltungsbehörden**, durch die bestimmte Verwaltungsangelegenheiten gegenüber **individuell bestimmten Personen** in einer **förmlichen und rechtskraftfähigen Weise normativ** geregelt werden. Das heißt, es werden bestehende Rechtsverhältnisse festgestellt oder neue Rechtsverhältnisse gestaltet.

Handelt es sich um materiell-rechtliche Rechtsverhältnisse, so spricht man von *meritorischen* Bescheiden, bei Rechten aufgrund verfahrensrechtlicher Bestimmungen liegen *verfahrensrechtliche* Bescheide vor. Der Bescheid ist das typische Mittel zur Formalisierung von Entscheidungen, die wegen ihrer Normativität nach Förmlichkeit verlangen.

2. Allgemeine Merkmale des Bescheids

a. Äußere Form

Der Bescheid ist ein durch relativ hohe Förmlichkeit gekennzeichnetes Regelungsinstrument der Verwaltung. Seine Förmlichkeit umfasst sowohl die äußere Erscheinungsform, die *Ausdrucksförmlichkeit*, als auch die Art und Weise der Erzeugung, die *Prozessförmlichkeit*. Die förmlichen Anforderungen an den Bescheid sind grundsätzlich im AVG enthalten:

- ausdrückliche Bezeichnung als Bescheid,
- Bezeichnung der bescheiderlassenden Behörde,
- Spruch,
- Begründung,
- Rechtsmittelbelehrung,
- Unterschrift (bzw elektronische Erledigung),
- Datum und
- die Erlassung an den individuell bestimmten Bescheidadressaten.

Bei Fehlen von Formerfordernissen sind als Rechtsfolgen die *absolute Nichtigkeit* des Bescheids, seine Anfechtbarkeit *(relative Nichtigkeit)* oder die *Unbeachtlichkeit* der Mängel vorgesehen. Die mangelnde Behördenqualität oder Ermächtigung der erlassenden Stelle, keine individuelle Bestimmung des Adressaten, das Fehlen des Spruchs und der Unterschrift (bzw Beglaubigung durch die Kanzlei oder bei elektronischen Dokumenten die Amtssignatur) und die fehlende Erlassung des Bescheids führen zu dessen absoluter Nichtigkeit.

Beispiel: Der Bescheid des Amtes der LReg, das als bloßer Hilfsapparat fungiert, oder der Bescheid einer Reinigungskraft der LReg ist absolut nichtig bzw wird ein Bescheid der nicht von einer Verwaltungsbehörde stammt auch als „Nicht-Akt“ bezeichnet. Hingegen führt etwa die fehlende Bezeichnung als Bescheid nicht zur Nichtigkeit eines Bescheides (möglicherweise aber zu dessen Anfechtbarkeit, sofern sich das Vorliegen eines Bescheides nicht aus der Form der Erledigung ergibt).

b. Willensäußerung

Bescheide enthalten die Äußerung eines behördlichen Willens zur feststellenden oder gestaltenden Regelung einer bestimmten Angelegenheit. Durch dieses Merkmal unterscheidet sich der Bescheid von bloßen Mitteilungen, Informationen, Belehrungen oder Beurkundungen.

c. Verwaltungsorgan in behördlicher Funktion

Nicht jedes Verwaltungsorgan, sondern nur eine Verwaltungsbehörde kann Bescheide erlassen. Die Behördeneigenschaft eines Verwaltungsorgans setzt die Befugnis zum Gebrauch der Bescheidform voraus *(Bescheidfähigkeit)*. Diese ergibt sich aus den Organisations- und Zuständigkeitsvorschriften der Verwaltung. Weiters muss die Verwaltungsbehörde bei der Erlassung des betreffenden Aktes in Ausübung seiner Hoheitsgewalt tätig werden und nicht im Rahmen der Privatwirtschaftsverwaltung.

d. Individuell bestimmter Adressat

(s oben C.I.4.)

3. Bescheidtypen

Es sind Rechtsgestaltungsbescheide, Leistungsbescheide und Feststellungsbescheide voneinander zu unterscheiden.

a. Rechtsgestaltungsbescheid

Durch Rechtsgestaltungsbescheide wird die Rechtsstellung des Bescheidadressaten verändert; es werden **Rechte und Pflichten begründet, geändert oder aufgehoben**. Derartige Bescheide sind konstitutiv, weil sie eine neue Rechtslage begründen. So wird zB durch die Erteilung einer Baubewilligung das Recht, ein konkretes Projekt zu bauen, verliehen und gleichzeitig werden damit neue Bestimmungen anwendbar, wie zB die Pflicht, das Grundstück innerhalb einer gewissen Zeit zu bebauen; oder durch die Ernennung einer Person zu einem Beamten wird dieser in ein Konvolut aus dienst-, gehalts- und disziplinarrechtlichen Normen eingebettet und damit ist für ihn eine neue Rechtslage relevant.

Rechtsgestaltungsbescheide können materiell- oder verfahrensrechtlicher Natur sein und sind nicht vollstreckbar. Es sind jene Rechtsvorschriften anwendbar, die im Zeitpunkt der Erlassung in Geltung stehen.

b. Leistungsbescheid

Mit einem Leistungsbescheid wird dem Adressaten die **Erbringung einer Leistung** unter Setzung einer Frist vorgeschrieben. Die im Gesetz vorgesehenen Verpflichtungen werden mit Hilfe dieser Bescheide im Exekutionswege durchsetzbar. Die **Vollstreckbarkeit** ist das Charakteristikum des Leistungsbescheids.

Im Gegensatz zu den Rechtsgestaltungsbescheiden sind bei der Erlassung der Leistungsbescheide die Normen anzuwenden, die in dem Zeitpunkt gegolten haben, in dem der relevante Sachverhalt vorgefallen ist, auch wenn die Rechtsvorschriften bereits aufgehoben sind. Häufigstes Anwendungsgebiet für Leistungsbescheide ist das Abgabenrecht, wenn den Bürgern Steuern vorgeschrieben werden.

c. Feststellungsbescheid

Inhalt eines Feststellungsbescheids ist die Feststellung über das Bestehen oder Nichtbestehen eines Rechtsverhältnisses, über dessen Umfang oder Inhalt oder über rechtserhebliche Tatsachen. Es wird also über das **Bestehen eines strittigen Rechtsverhältnisses** abgesprochen. Feststellungsbescheide sind demnach verbindlich, aber nicht vollstreckbar. Entgegen der zivilrechtlichen Regelung in § 228 ZPO, wonach Feststellungsklagen jederzeit möglich sind, ist im öffentlichen Recht die Erlassung von Feststellungsbescheiden grundsätzlich nur aufgrund einer ausdrücklichen gesetzlichen Ermächtigung zulässig.

Beispiel für die gesetzlich verankerte Erlassung von Feststellungsbescheiden:
Wird ein Arbeitnehmer nach vorangegangenem Antrag die Bezeichnung „begünstigt behindert" zuerkannt, geschieht dies mithilfe eines Feststellungsbescheides des Sozialministeriums. Auch das Staatsbürgschaftsgesetz sieht in bestimmten Fällen die Erlassung von Feststellungsbescheiden vor.

Ausnahmen lässt die Jud bei Bestehen eines *öffentlichen Interesses* oder dann, wenn die Feststellung für die betroffene Partei ein notwendiges Mittel *zweckentsprechender Rechtsverfolgung* darstellt, zu.

4. Wirkungen des Bescheids

Die typischen Bescheidwirkungen umfassen die Verbindlichkeit, die Vollstreckbarkeit, die Tatbestandswirkung und die formelle und materielle Rechtskraft.

a. Verbindlichkeit

Die Verbindlichkeit des Bescheids resultiert aus seiner *rechtsgestaltenden Funktion*. Es werden Rechte und Verpflichtungen geschaffen und sowohl die Parteien, als auch die bescheiderlassende Behörde sind an den Spruch des Bescheids gebunden *(normative Wirkung)*. Ein besonderes Problem ergibt sich aus der Frage, inwieweit auch andere als die erlassende Behörde an den Bescheid gebunden sind *(Bindungswirkung)*. Die Bindungswirkung wird hinsichtlich des Spruchs eines gültigen und rechtskräftigen Bescheids grundsätzlich bejaht und eine selbständige Beurteilung der im Spruch behandelten Frage steht der Behörde nicht mehr zu (vgl §§ 38 und 69 Abs 1 Z 3 AVG).

b. Vollstreckbarkeit

Bescheide, die ein bestimmtes Verhalten gebieten (Leistungsbescheide), verfügen über ihre Vollstreckbarkeit. Das gebotene Verhalten kann also mit den *Mitteln des Exekutionsrechts* erzwungen werden. Grundsätzlich sind Bescheide erst mit dem Eintritt der formellen Rechtskraft vollstreckbar, weil Beschwerden die Rechtswirkungen des Bescheides – und damit auch die Vollstreckbarkeit – aufschieben.

c. Tatbestandswirkung

Bescheide haben häufig gesetzlich festgelegte Rechtswirkungen, die über das hinausgehen, was im Spruch selbst geregelt ist. Diese Tatbestandswirkung erfasst daher nicht nur die durch den Bescheid Verpflichteten, sondern alle, an die die Rechtsvorschrift adressiert ist, und auch außerhalb des Bescheides liegende Rechtsverhältnisse. Der Bescheid wird dabei in der Rechtsvorschrift als Tatbestand für eine Rechtsfolge eingesetzt. ZB normiert das Denkmalschutzgesetz, dass ein durch Bescheid unter Denkmalschutz gestelltes Gebäude auch von anderen als dem Bescheidadressaten (Eigentümer) nicht zerstört werden darf. Jedermann hat also von Gesetzes wegen zu beachten, was der Bescheid anordnet, weil der Bescheid Tatbestandselement der Norm wurde.

d. Rechtskraft

Die **Rechtskraft** bedeutet Unabänderlichkeit des Bescheids und dient der Rechtssicherheit.

aa. Die **formelle Rechtskraft** bewirkt, dass *der Bescheid von den Parteien nicht mehr angefochten* werden kann *(Unanfechtbarkeit)*. Bescheide unterliegen nach ihrer Erlassung regelmäßig der Kontrolle durch die Verwaltungsgerichte, die von den Parteien mit Hilfe der Beschwerde angerufen werden können. Bescheide, die diesem Rechtsmittel nicht mehr unterliegen, sind formell rechtskräftig. Der *Beginn* der formellen Rechtskraft beginnt mit der Erlassung eines Bescheides durch die Verwaltungsbehörde nach Ablauf der ungenützten Rechtsmittelfrist oder bei einem ausdrücklichen Rechtsmittelverzicht mit dem Einlangen dieser Erklärung bei der Behörde. Wird eine Beschwerde erhoben, kommt es regelmäßig nach einer reformatorischen Entscheidung des Verwaltungsgerichts zu einem rechtskräftigen Erkenntnis des Verwaltungsgerichts. *Beendet* wird die formelle Rechtskraft durch die Änderung des Bescheids im Zuge einer amtswegigen Änderung oder Wiederaufnahme eines durch Bescheid abgeschlossenen Verfahrens gem §§ 68 Abs 2 bis 4 und 69 AVG bzw durch die Wiederaufnahme eines mit Erkenntnis beendeten Verfahrens gem § 32 VwGVG.

Bis zur Einführung der zweistufigen Verwaltungsgerichtsbarkeit gab es entweder einen in Rechtskraft erwachsenen erstinstanzlichen Bescheid oder im Falle der Einlegung des ordentlichen Rechtsmittels der Berufung einen rechtskräftigen letztinstanzlichen Bescheid (durch die Berufungsbehörde = höhere administrative Instanz). Seit Inkrafttreten der Verwaltungsgerichtsbarkeits-Novelle 2012 per 1. 1. 2014 und der damit verbundenen Beseitigung der administrativen Instanzenzüge gibt es entweder einen **rechtskräftigen – unangefochten gebliebenen – Bescheid** der Verwaltungsbehörde oder ein **rechtskräftiges Erkenntnis des Verwaltungsgerichts.**

bb. Die **materielle Rechtskraft** bewirkt, dass der formell rechtskräftige Bescheid *von Amts wegen seitens der Behörde nicht mehr aufgehoben oder abgeändert* werden kann, soweit nicht eine der gesetzlich vorgesehenen Ausnahmen Anwendung findet. Soweit diese Voraussetzungen nicht zutreffen, sind die Behörden an die Bescheide ohne Rücksicht auf ihre Gesetzmäßigkeit oder Rechtswidrigkeit gebunden *(Unwiderrufbarkeit)*. Ein Bescheid wird grundsätzlich zugleich formell und materiell rechtskräftig. Faktisch ist die Behörde allerdings mangels eines Selbständerungsrechts der Behörde und da die Ausnahmetatbestände gem § 68 Abs 2 bis 4 AVG erst beim formell rechtskräftigen Bescheid ansetzen, bereits ab dem Zeitpunkt der Erlassung an den Bescheid gebunden.

Der Zweck der materiellen Rechtskraft liegt ebenso wie bei der formellen einerseits in der **Rechtssicherheit und Rechtsbeständigkeit**; ein formell rechtskräftiger Bescheid und die damit verbundene Rechtslage (zB Erteilung einer Baubewilligung) sollen nicht von der Behörde beliebig abänderbar sein. Andererseits soll eine Angelegenheit, über die in ihren wesentlichen Punkten formell rechtskräftig abgesprochen wurde, auch auf Antrag der Parteien nicht neuerlich aufgerollt werden können *(Unwiederholbarkeit)*. Solche Anträge sind gem § 68 Abs 1 AVG wegen entschiedener Sache *(res judicata)* zurückzuweisen.

Die Bestandskraft rechtskräftiger Bescheide wird durch die Normierung der **Ausnahmen** im AVG zugunsten der Wahrung der Gesetzmäßigkeit der Verwaltung und von öffentlichen Interessen durchbrochen:

- Wenn noch *niemandem aus dem Bescheid ein Recht erwachsen* ist, wenn schwere Schäden verursacht werden können oder wenn der Bescheid an *besonders gravierenden Fehlern* leidet, kann die Behörde gem § 68 Abs 2 bis 4 AVG eine amtswegige Aufhebung, Abänderung oder Nichtigerklärung vornehmen.

- Auf Antrag der Parteien müssen bei Erfüllung der Voraussetzungen für die *Wiederaufnahme des Verfahrens* (§ 69 AVG) oder für die *Wiedereinsetzung in den vorigen Stand* (§ 71 AVG) diese von der Behörde gewährt werden.
- Hinzu kommen die gem § 68 Abs 6 AVG in den einzelnen Rechtsvorschriften enthaltenen Ermächtigungen zur *Zurücknahme oder Einschränkung* von formell rechtskräftigen Bescheiden.

  Es handelt sich hierbei um Fälle der bloßen **Vernichtbarkeit**, und nicht um Fälle der absoluten Nichtigkeit, die bereits das Entstehen des Bescheides verhindert. Die Mängel, die von den genannten Normen erfasst sind, befinden sich also noch innerhalb des Fehlerkalküls der Rechtsordnung. Durch die amtswegige Beseitigung des rechtswidrigen Bescheides werden die Rechtswirkungen nach hA **ex nunc** und nicht ex tunc beseitigt.

  Die geschilderten Ausnahmen des AVG von der Bestandskraft rechtskräftiger Bescheide gelten für die Bescheide der Verwaltungsbehörden. Für die rechtskräftigen Erkenntnisse gibt es im VwGVG entsprechende Regelungen wie die Wideraufnahme oder die Wiedereinsetzung in den vorigen Stand gem §§ 32, 33 VwGVG.

III. Akte unmittelbarer verwaltungsbehördlicher Befehls- und Zwangsgewalt

1. Allgemeines

Das Gegenstück zum form- und verfahrensgebundenen Bescheid bilden die verfahrensfreien Verwaltungsakte (laut Art 130 Abs 1 Z 2 B-VG „Ausübung unmittelbarer verwaltungsbehördlicher Befehls- und Zwangsgewalt“; auch *faktische Amtshandlungen* oder *Maßnahmen* genannt).

Maßnahmen sind die **von Verwaltungsorganen im Bereich der Hoheitsverwaltung individuell, nach außen relativ verfahrensfrei erlassenen Befehle oder unmittelbar getätigter Zwang.**

2. Die Merkmale im Einzelnen

a. Zugehörigkeit zur Staatsfunktion Verwaltung

Die verfahrensfreien Verwaltungsakte werden seltener von Bediensteten der *Behörde selbst* (zB Schließung eines ohne Gewerbeberechtigung geführten Betriebs gem § 360 Abs 3 GewO oder das Setzen von Sicherheitsmaßnahmen durch die Behörde bei Gefahr im Verzug gem Abs 4) gesetzt, sondern häufiger durch *Exekutivorgane* oder *speziell Beauftragte*, die als Verwaltungshelfer der Behörde tätig werden (zB der Unternehmer, der aufgrund eines baupolizeilichen Beseitigungsauftrages im Rahmen einer von der Bezirkshauptmannschaft angeordneten Ersatzvornahme nach dem VVG ein bewilligungslos errichtetes Gebäude abträgt oder für den Magistrat gem StVO ein Kfz abschleppt).

Entscheidend ist, dass es sich um einen **dem Rechtsträger zurechenbaren Akt** handelt, der in Wahrnehmung einer **Verwaltungsangelegenheit** gesetzt wird. Dadurch scheiden Festnahmen, Hausdurchsuchungen oder Telefonabhörungen, die von Organwaltern der Verwaltungsexekutive *aufgrund eines richterlichen Befehls* vorgenommen werden, aus, weil sie der Staatsfunktion Gerichtsbarkeit zurechenbar sind. Es sei denn, die richterliche Anordnung wird exzessiv überschritten. Desgleichen fallen zB hausrechtliche Ordnungsmaßnahmen durch den Parlamentspräsidenten in Ausübung seiner Sitzungsleitungsbefugnis in die Staatsfunktion Gesetzgebung.

b. Im Rahmen der Hoheitsverwaltung

Bei den sicherheits- und verwaltungspolizeilichen Akten wie zB der Kfz-Kennzeichenabnahme gem § 61 Abs 5 KFG, der Abnahme der Fahrzeugschlüssel und Fahrzeugpapiere gem § 134 Abs 4a KFG oder der gewerbepolizeilichen Anlagenstillegung gem § 360 GewO handelt es sich um klassische Akte im Rahmen der Hoheitsverwaltung, die bei Erfüllung der sonstigen Voraussetzungen den Maßnahmenbegriff erfüllen.

Setzen die Gebietskörperschaften durch die ihnen zurechenbaren Organe im Rahmen ihrer Stellung als *Träger von Privatrechten* vergleichbare Akte, liegen keine faktische Amtshandlungen vor; zB die Entfernung eines im Hof eines Amtsgebäudes unbefugt abgestellten Autos auf Anordnung des Behördenleiters oder das gewaltsame Öffnen der Türe einer Gemeindewohnung durch die Gemeinde als Vermieterin.

c. Individualität

Bei der Abgrenzung der Maßnahme von der Verordnung stellt sich das gleiche Problem der *Bestimmung des Adressatenkreises* wie beim Bescheid. Der an eine bestimmte Person gerichtete Ausspruch der Festnahme oder die straßenpolizeiliche Aufforderung, anzuhalten, erfüllen klar das Merkmal der Individualität und stellen als verfahrensfreie Verwaltungsakte eindeutig Maßnahmen dar.

Die Regelung des Verkehrs durch einen Polizisten mit Armzeichen oder den Polizeibefehl auf unverzügliche Räumung eines Gebäudes muss man bei konsequenter Anwendung der Formel „genereller Adressatenkreis = Verordnung" dem Verordnungsbegriff zuordnen. Dem Element der Generalität misst die hM und Jud bei dieser Abgrenzung mehr Gewicht zu als der Verfahrensfreiheit. Im SPG spricht der Gesetzgeber in den §§ 36 ff ausdrücklich von Verordnungen im Zusammenhang mit sicherheitsbehördlichen Aufforderungen zur Auflösung von Besetzungen oder zum Verlassen des Gefahrenbereichs.

d. Normativität – selbständige rechtsgestaltende Wirkung

Der VfGH verlangt, dass der faktischen Amtshandlung in irgendeiner Form rechtsfeststellende oder rechtserzeugende Wirkung beigemessen werden kann, also eine *unmittelbare* Gestaltungswirkung in Bezug auf subjektive Rechte des Betroffenen vorliegt. Faktischen Amtshandlungen, die in Vollziehung eines Bescheides ergehen, mangelt es an der Selbständigkeit als Verwaltungsakt. So erfüllt der Vorführungsbefehl aufgrund eines Ladungsbescheids oder die Beschlagnahme aufgrund eines Bescheids den Begriff des verfahrensfreien Verwaltungsaktes nicht.

Hier ist zwischen der Normativität des Befehlsaktes und derjenigen der Zwangsgewalt zu unterscheiden:

aa. Die **Normativität des Befehlsaktes** ist bei folgenden Maßnahmen gegeben:

- Anordnungen, bei deren Nichtbefolgung die Anwendung von unverzüglicher physischer Gewalt droht *(unmittelbar gewaltsanktionierte Anordnungen)*; zB der Ausspruch der Festnahme, die Aufforderung zur Duldung einer Hausdurchsuchung oder Beschlagnahme oder die Aufforderung, stehen zu bleiben, widrigenfalls von der Waffe Gebrauch gemacht wird.
- Anordnungen, bei deren Nichtbefolgung eine **Folgeanordnung** droht, die ihrerseits mit unmittelbarem physischen Zwang durchgesetzt werden kann (*mittelbar gewaltsanktionierte Akte*); zB die Aufforderung zur Ausweisleistung oder zum Mitkommen bei sonstiger Androhung der Festnahme.
- Nach der hL Anordnungen, bei deren Nichtbefolgung eine **Verwaltungsstrafe** droht; der VfGH allerdings spricht diesen Anordnungen wegen der Wahlfreiheit des Adressaten, ihnen Folge zu leisten, den Charakter der Maßnahme ab.

bb. Die Normativität des **Zwangsaktes** ist gegeben:

- Bei unmittelbarem **physischen Sanktionszwang** (Einwirkungen auf Menschen oder Sachen) zur Verhinderung oder Beendigung von rechtswidrigen Verhaltensweisen oder Zuständen; zB das Abschleppen eines verbotswidrig abgestellten Kfz, das Abführen von Teilnehmern eines Sitzstreiks oder der Gebrauch der Waffe zur Abwehr eines Angriffs.
- **Bei unmittelbarem physischen Zwang ohne Sanktionscharakter** wie dem Eindringen in ein Gebäude zur Brandbekämpfung oder dem Abschleppen eines rechtmäßig geparkten Kfz zur Reparatur von Straßenschäden. In diesen Fällen wird ein Duldungsbefehl unterstellt, dessen Anordnung mangels Zeit oder Anwesenheit des Betroffenen unterbleibt.
- Bei anderen **Rechtseingriffsakten**, die zu keinem der bisher erwähnten Typen passen, wie der Abhörung von Telefonen, Zensurmaßnahmen durch Justizwachebeamte oder der Verwertung beschlagnahmter Sachen vor rechtskräftiger Anordnung des Verfalls.

Die Abgrenzung von Amtshandlungen, bei denen keine Normativität vorliegt, ist nicht immer leicht zu ziehen. Die **Freiwilligkeit** kann einer Maßnahme die Normativität nehmen; wenn zB ein Fremder, gegen den eine Ausweisung gem dem FremdenpolizeiG mit Zwangsakt durchsetzbar wäre, sich freiwillig von der Polizei zur Grenze bringen lässt. Die *Jud* betrachtet folgende Beispiele mangels Schwere des Eingriffs als unterhalb der Schwelle des Zwangsaktes liegend: Anhaltung zur Identitätsfeststellung, Überwachungsmaßnahmen oder das polizeiliche Fotografieren von Teilnehmern einer Demonstration.

e. Rechtsschutz

Als Rechtsmittel steht gem Art 130 Abs 1 Z 2 B-VG die Maßnahmenbeschwerde an das zuständige Verwaltungsgericht wegen Verletzung von einfach- oder verfassungsgesetzlichen Rechten zur Verfügung.

IV. Verwaltungsakte im weiteren Sinn

1. Weisung

S 3. Abschnitt, C.

2. Verfahrensanordnung

Verfahrensanordnungen oder verfahrensleitende Verfügungen betreffen den *Gang des Verfahrens*. Sie ergehen nicht in Bescheidform und können nicht eigens mit einem Rechtsmittel angefochten werden (§ 63 Abs 2 AVG und § 7 Abs 1 VwGVG), sondern erst mit dem gegen den das Verfahren abschließenden Bescheid eingelegten Rechtsmittel. Die Verfahrensanordnungen können von der Behörde jederzeit abgeändert oder zurückgenommen werden.

Den Verfahrensanordnungen sind die **verfahrensrechtlichen Bescheide** gegenüberzustellen, die ebenfalls verfahrensrechtliche Verfügungen zum Gegenstand haben. Im Interesse selbständiger Vollstreckbarkeit (zB Ladungsbescheid) oder weil formellrechtliche Rechtsverhältnisse der Adressaten gestaltet werden (Zurückweisungen oder Abweisungen gem § 66 Abs 4, § 68 Abs 1, § 73 Abs 2 AVG), sieht der Gesetzgeber die bescheidförmige Absprache vor.

Abwägungsmerkmale bei der Einstufung der Erledigung einer verfahrensrechtlichen Angelegenheit als Anordnung oder als Bescheid sind einerseits das **Rechtsschutzbedürfnis** der Adressaten und andererseits die **Verfahrensökonomie**. Ist es dem Betroffenen zumutbar, im Interesse der Verfahrensbeschleunigung seine Beschwerden gegen Verfahrensanordnungen erst in der Beschwerde gegen den Endbescheid anzubringen, so wird eine Verfügung vorgesehen. Andernfalls ergeht ein selbständig bekämpfbarer verfahrensrechtlicher Bescheid.

Beispiele *für Verfahrensanordnungen*: der Auftrag zur Behebung von Vollmachtsmängeln (§ 10 Abs 2 AVG) oder von Formgebrechen (§ 13 Abs 3 AVG), die Verweigerung der Akteneinsicht (§ 17 Abs 4 AVG), die Anberaumung einer mündlichen Verhandlung oder die Ablehnung eines entsprechenden Antrages (§ 39 Abs 2 AVG), Vornahme eines Augenscheins (§ 54 AVG) oder die (Nicht-) Zulassung einer beantragten Zeugeneinvernahme. Ein weiteres Beispiel außerhalb des AVG ist die Aufforderung der Gewerbebehörde an den Gewerbeausübenden bzw Betriebsanlageninhaber zur Herstellung des der Rechtsordnung entsprechenden Zustandes gem § 360 Abs 1 GewO.

Beispiele *für verfahrensrechtliche Bescheide*: Ladung (§ 19 AVG), Verhängung von Ordnungs- und Mutwillensstrafen (§§ 34, 35 AVG), die Aussetzung des Verfahrens bis zur rechtskräftigen Entscheidung einer Vorfrage durch die zuständige Behörde (§ 38 AVG), die Behebung eines unterinstanzlichen Bescheides der Gde ieWb wegen mangelhafter Sachverhaltsfeststellung und Zurückverweisung zur neuerlichen Entscheidung (§ 66 Abs 2 AVG), Zurückweisung einer verspäteten oder sonst unzulässigen Berufung gegen einen Bescheid der Gde ieWb (§ 66 Abs 4 AVG) oder die Bewilligung oder Ablehnung einer Wiederaufnahme des Verfahrens bzw Wiedereinsetzung in den vorigen Stand (§ 70 Abs 1 bzw § 72 Abs 1 AVG).

3. Prüfungsentscheidungen

Administrative Prüfungen zur Beurteilung von fachlichen Kenntnissen zwecks Erwerbs von Berechtigungen finden sich in der Hoheitsverwaltung häufig; im Schul- und Hochschulrecht, im Berufsrecht der selbständigen Berufe (zB Rechtsanwälte, Notare), im Dienstrecht (Dienstprüfungen) oder zur Erlangung spezieller Kenntnisse (zB Führerschein).

Die rechtliche Natur von Prüfungsentscheidungen ist umstritten. Nach einer Ansicht seien sämtliche Elemente des Verwaltungsaktes ieS auffindbar: die Verwaltungsorgane sprechen hoheitlich und einseitig verbindlich über den Prüfungserfolg des Kandidaten ab und daran knüpfen sich für diesen bestimmte Rechtsfolgen. Aufgrund dieses Charakters der Prüfungsentscheidungen wäre die einzige dafür in der Bundesverfassung vorgesehene Form der Erledigung der Bescheid (so *Funk, Walter/Mayer*).

Anders sieht dies der VwGH, nach seiner stRsp ist die Mitteilung eines Prüfungsergebnisses nicht als Erlass eines Bescheids, sondern als Bekanntgabe eines **Gutachtens** anzusehen. Als Gutachten sind Prüfungen grundsätzlich weder im Instanzenzug noch vor dem VwGH bekämpfbar und können nicht rechtskräftig werden. Doch Fehler im Zusammenhang mit Prüfungen können im darauffolgenden Bescheid releviert werden. Mangels eigenständiger Normativität erwachsen sie nicht in Rechtskraft, folglich können gutachtliche Fehler auch nicht zur Nichtigkeit führen; ihr Inhalt kann jederzeit widerlegt und berichtigt werden. Der VwGH vermeidet eine zu große Rechtsunsicherheit, indem er einerseits eine Fehlergewichtung vornimmt, wonach nur besonders schwere organisatorische oder verfahrensmäßige Fehler zur Nichtigkeit führen. Zum anderen sind der Überprüfung aufgrund des Charakters der Prüfungen als Werturteile Grenzen gesetzt.

Dem VwGH ist mit Verweis auf Art I Abs 3 Z 6 EGVG beizupflichten, wonach das AVG nicht auf die „Durchführung" von Prüfungen anzuwenden ist, soweit es sich nicht um die Zulassung zur Prüfung handelt. Das heißt, dass die (Nicht-)Zulassung zu einer Prüfung bescheidmäßig erledigt wird, während Prüfungsentscheidungen einen anderen Charakter haben müssen, es sei denn, der *Materiengesetzgeber* sieht den Bescheidcharakter der Prüfungen ausdrücklich vor.

Beachte: Für den Geltungsbereich des UniversitätsG 2002 hat der Gesetzgeber die Möglichkeit eines mit **Bescheid** zu erledigenden **Antrags auf Aufhebung einer negativ beurteilten Prüfung** vorgesehen. Gem § 79 Abs 1 UG 2002 ist eine Beschwerde gegen die Beurteilung einer Prüfung weiterhin unzulässig, doch die Studierenden können die Aufhebung einer negativen Prüfung, die an einem schweren Mangel leidet, beantragen. Der Antrag ist binnen zwei Wochen ab der Bekanntgabe der Beurteilung einzubringen und ist über diesen bescheidmäßig abzusprechen. Durch die Einräumung dieser Frist erhalten die Prüfungen – insbes wenn die Frist ungenützt verstreicht – eine Art Rechtskraftwirkung.

Auch in anderen Gesetzen sind zum Teil verbesserte Rechtsschutzmöglichkeiten vorgesehen: so sieht das Schulunterrichtsgesetz (SchUG) in § 71 Abs 2 gegen bestimmte Kategorien von – negativ beurteilten – Prüfungen die Möglichkeit der Erhebung eines Widerspruchs an die zuständige Schulbehörde vor, wodurch die Entscheidung der Schule ex lege außer Kraft tritt. Von der Schulbehörde ist in der Folge ein Verwaltungsverfahren einzuleiten und die Entscheidung mit Bescheid zu treffen, wobei dieser mittels Beschwerde an das zuständige Verwaltungsgericht bekämpft werden kann.

4. Verwaltungsrechtlicher Vertrag

Gebietskörperschaften und andere Rechtsträger der Verwaltung können aufgrund ihrer Privatrechtsfähigkeit (6. Abschnitt) im Rahmen ihrer privatwirtschaftlichen Verwaltung zivilrechtliche Verträge nach der Maßgabe des ABGB abschließen; zB der Abschluss eines Kaufvertrages bezüglich eines Grundstückkaufs durch die Gemeinde.

Im Gegensatz dazu sind verwaltungsrechtliche Verträge Rechtsgeschäfte – also Willensübereinkünfte im zivilrechtlichen Sinn – im Bereich der **Hoheitsverwaltung**; somit *Verträge auf dem Gebiet des öffentlichen Rechts*. Nicht immer wird daher das öffentlich-rechtliche Rechtsverhältnis zwischen dem Staat (der Behörde) und einem Privaten in der Form von Verwaltungsakten geregelt, sondern die Gesetze erlauben gelegentlich die Gestaltung von Rechtsverhältnissen durch den sog verwaltungsrechtlichen Vertrag.

a. Typen verwaltungsrechtlicher Verträge

aa. Sind beide Vertragsteile Rechtsträger, stehen sich zwei gleichberechtigte Partner gegenüber und man spricht von **koordinationsrechtlichen Verträgen**. Deren rechtliche Existenz und Zulässigkeit sind unbestritten und verfassungsrechtlich vorgesehen.

Zu diesem Typ zählen Staatsverträge, Gliedstaatsverträge gem Art 15a B-VG (Vereinbarungen zwischen Bund und Ländern bzw zwischen den Ländern untereinander) oder Vereinbarungen zwischen Gemeinden über die Bildung von Gemeindeverbänden gem Art 116a Abs 1 B-VG.

bb. Ist nur einer der beiden Vertragsteile ein Rechtsträger und der zweite Teil eine Privatperson, liegt ein **subordinationsrechtlicher Vertrag** vor. Dies sind Vereinbarungen über öffentlich-rechtliche Rechte und Pflichten zwischen einem Verwaltungsorgan im Rahmen seiner hoheitlichen Aufgabenerfüllung und einem Rechtsunterworfenen (dieser könnte auch ein privatwirtschaftlich agierender Rechtsträger sein).

Subordinationsrechtliche Verträge tauchen gehäuft im Abgabenrecht als Vereinbarungen zwischen der Abgabenbehörde und dem Abgabenschuldner über Höhe und Modalität der zu entrichtenden Abgabe auf (zB Getränkesteuer, Vergnügungssteuer, Gewerbesteuer oder Parkraumabgabe).

Der einfache Gesetzgeber geht offenbar von der verfassungsrechtlichen Zulässigkeit der verwaltungsrechtlichen Verträge aus, weil er sie gelegentlich ausdrücklich vorsieht. Diese Verträge sind jedoch im Hinblick auf das Legalitätsprinzip, den Rechtsschutz und das Prinzip der Geschlossenheit der Rechtsquellen nicht unproblematisch.

b. Verfassungsrechtliche Zulässigkeit subordinationsrechtlicher Verträge

Die Geschlossenheit des verfassungsrechtlichen Rechtsquellenkataloges ist ein Leitgedanke der österreichischen Bundesverfassung. Die Bundesverfassung sieht für den individuellen, hoheitlichen, nach außen gerichteten und förmlichen Verwaltungsakt den *Bescheid* vor. Die zweite (im Verhältnis zum Bescheid bloß subsidiäre) Möglichkeit ist der *Akt unmittelbarer verwaltungsbehördlicher Befehls- und Zwangsgewalt* (auch „Maßnahme") als nichtförmlicher Verwaltungsakt. Weitere Formen individueller und im Außenverhältnis wirksamer Akte der Verwaltung sieht die Bundesverfassung nicht vor. An die beiden Typen von Verwaltungsakten – Bescheid und Maßnahme – knüpft das Rechtsschutzsystem der Verfassung an und sind andere Formen der behördlichen Erledigung grundsätzlich unzulässig, um eine Aushöhlung der Kontrolle zu vermeiden.

Der VfGH erklärt daher Verträge zwischen Rechtsträgern und Privaten in der Hoheitsverwaltung nur unter folgenden zwei Bedingungen für zulässig:

- Für die verwaltungsrechtlichen Verträge gilt – so wie für die übrige Hoheitsverwaltung – das **Legalitätsprinzip** gem Art 18 Abs 1 B-VG uneingeschränkt. Dadurch wird der Gefahr begegnet, dass die Verwaltung auf diese Verträge als Form der Erledigung zurückgreift, um der strengen Gesetzesbindung zu entgehen. Mit der Anwendung des Art 18 Abs 1 B-VG ist die gesetzliche Determinierung des Vertrages hinsichtlich Zuständigkeit, Verfahren und Inhalt verbunden. Für die privatrechtliche Vertragsfreiheit bleibt demnach nicht mehr viel Spielraum, sondern lediglich eine mit der freien Ermessensausübung vergleichbare Freiheit der Gestaltung des Vertrages.
- Mit einem verwaltungsrechtlichen Vertrag wäre für den privaten Vertragspartner ein beträchtliches *Rechtsschutzmanko* verbunden, weil weder der öffentlich-rechtliche Rechtsschutzweg über das Verwaltungsgericht bis zu den GHöffR wegen Anknüpfung am Bescheid noch der zivilrechtliche Rechtsschutz mangels Zuständigkeit der Gerichte für öffentlich-rechtliche Angelegenheiten (§ 1 JN) zur Verfügung steht. Da eine Minderung des Rechtsschutzes nicht in Kauf genommen wird, muss die gesetzliche Grundlage für Streitfälle eine Regelung vorsehen, wonach die Behörde von Amts wegen oder auf Antrag der Partei befugt ist, eine Klärung des Vertragsgegenstandes durch die **Erlassung eines Bescheides** herbeizuführen. Dieser ist anschließend anfechtbar.

Beachte: Die ordentlichen Gerichte sind für die verwaltungsrechtlichen Verträge in keiner Weise zuständig. Ob ein Vertrag zustande gekommen ist oder nicht, hat die Behörde zu beurteilen; bei behaupteten Mängeln muss ein Bescheid erlassen werden. Auch die Einhaltung des Vertrags kann nicht bei Gericht durchgesetzt werden und er bildet keinen Vollstreckungstitel.

c. Verwaltungsrechtliche Verträge zwischen Privaten

Die Rechtsordnung sieht fallweise vor, dass die Behörde die Erlassung eines Bescheides zur Regelung einer Angelegenheit unterlassen kann, wenn sich die Beteiligten an einem Verfahren untereinander einigen; zB normiert § 111 Abs 3 WRG, dass die Beteiligten im wasserrechtlichen Verfahren Übereinkommen schließen können, „zu deren Regelung im Entscheidungswege die Wasserrechtsbehörde in Ermangelung eines Übereinkommens zuständig wäre". Auf diese Weise kann sich ein Antragsteller mit einer Partei, die in ihren Wasserrechten berührt ist, einigen (etwa über Entschädigungen, Nutzungsbeschränkungen) und die Behörde braucht in ihrem Bewilligungsbescheid über den Gegenstand der Vereinbarung nicht mehr absprechen (Zuspruch einer Entschädigung).

In diesen Fällen wird eine verwaltungsrechtliche Angelegenheit, für die mangels einer privaten Übereinkunft die Behörde mittels Bescheids zuständig wäre, zwischen zwei Privatpersonen erledigt. Insofern kann man von einem *verwaltungsrechtlichen Vertrag zwischen Privaten* sprechen. Auch hier sind im Streitfall aufgrund des öffentlich-rechtlichen Inhaltes nicht die Gerichte zuständig, sondern es muss die Behörde mit Bescheid entscheiden.

5. Urkunde

Urkunden sind vergegenständlichte (idR schriftliche) **Bestätigungen über unstrittige Rechtsverhältnisse und rechtserhebliche Tatsachen.**

Die Beurkundung ist der Vorgang der Urkundenerrichtung, die Urkunde ist sein Produkt. *Öffentliche Urkunden* iSd § 47 AVG sind jene, die von einer Behörde im Rahmen ihrer Amtsbefugnisse ausgestellt werden, sie gelten als qualifizierte Beweismittel im Verwaltungsverfahren. Urkunden haben im Unterschied zum Bescheid nur *bestätigende Funktion*, nicht aber rechtsgestaltende Wirkung; durch eine öffentliche Urkunde werden keine Rechte verliehen, geändert oder Pflichten auferlegt. Daher fallen die Urkunden aus dem Begriff des Verwaltungsaktes ieS heraus.

Die fehlende Bescheidqualität wirkt sich auch im Falle der Fehlerhaftigkeit der Urkunde aus. Eine unrichtige Beurkundung hat mangels Rechtskraftfähigkeit *keine verbindliche Kraft*. Sie kann durch den Beweis des Gegenteils jederzeit widerlegt und berichtigt werden. In der fehlenden Normativität liegt der hauptsächliche Unterschied zum Feststellungsbescheid, der in rechtskraftfähiger Weise über das Bestehen von Rechten abspricht.

In den Materiengesetzen wird gelegentlich die vorübergehende *Abnahme von Urkunden* im Rahmen eines verfahrensfreien Verwaltungsaktes vorgesehen. So können nach dem KFG die Fahrzeugpapiere oder die Kennzeichentafeln und nach dem FSG der Führerschein abgenommen werden. Damit wird der Betroffene in der Ausübung der mit der Urkunde verbundenen Berechtigung vorübergehend (Fortsetzung der Fahrt bzw Lenken eines KFZ) gehindert.

Beispiele für öffentliche Urkunden iSd § 47 AVG: Geburtsurkunde (PersonenstandsG), Staatsbürgerschaftsnachweis (StaatsbürgerschaftsG), Meldebestätigung (MeldeG), Bescheinigung über eine erfolgte administrative Beschlagnahme (§ 39 VStG), Bescheinigung über die Anzeige einer Versammlung (§ 2 Abs 2 VersammlungsG), Bestätigung der Abmeldung eines Kfz (KFG) oder Leumundszeugnisse.

Bis auf die Leumundszeugnisse verfügen sämtliche oben aufgezählten Urkunden über eine *gesetzliche Grundlage*. Dies wirft die Frage auf, ob Beurkundungen durch die Behörde auch ohne gesetzliche Ermächtigung vorgenommen werden dürfen. Dieses Problem wird in Analogie zur Zulässigkeit von Feststellungsbescheiden gelöst. Demnach ist die Ausstellung von Urkunden ohne ausdrückliche gesetzliche Ermächtigung bei Vorliegen eines öffentlichen oder privaten Interesses zulässig.

Urkunden haben häufig den Zweck, **Legitimationen** zu dokumentieren. So stellt der Führerschein eine Bestätigung über die erteilte Lenkerberechtigung [§ 40 Abs 1 FSG: (...) die hierüber ausgestellten Bestätigungen (Führerscheine)] dar oder der Waffenpass die Erlaubnis zum Besitz und Führen von Faustfeuerwaffen. Die oben angeführten Beispiele unterscheiden sich von diesen dadurch, dass zB mit der Meldebestätigung keine spezielle Berechtigung verbunden ist.

Streng genommen müssen die Vorgänge der Erteilung der Berechtigung (Verleihung des subjektiven Rechts) durch einen Bescheid und die anschließende Ausstellung der Urkunde zu Beweiszwecken unterschieden werden. In der Praxis wird häufig auf die getrennte Erlassung des Berechtigungsbescheides verzichtet (zB bei der Lenkerberechtigung), sodass in der Urkunde das Bestehen einer Berechtigung bestätigt wird, die bescheidmäßig gar nicht eingeräumt wurde. Durch die Ausgabe der Bestätigung wird dem Antrag vollinhaltlich stattgegeben.

In solchen Fällen behilft sich der VwGH in seiner Judikatur mit der Konstruktion, dass die Urkunden selbst **Bescheidcharakter** haben, weil sie das Ergebnis eines Ermittlungsverfahrens nach dem AVG beinhalten und nicht noch zusätzlich ein Bescheid ausgestellt wurde. Möglich ist auch, dass der einfache Gesetzgeber ausdrücklich die Ausstellung einer Urkunde der Bescheiderlassung gleichstellt und somit auf den Bescheid verzichtet.

Gemeinsames Problem sämtlicher Urkunden – ob mit oder ohne Bescheidcharakter – ist das Rechtsschutzdefizit bei **Säumnis der Behörde**. Die Urkunden werden grundsätzlich nur von den Verwaltungsbehörden ausgestellt und die im Fall der Säumnis angerufenen Verwaltungsgerichte können zwar mit Bescheid über den Rechtsanspruch befinden, doch die Ausfertigung der Beurkundungen ist ihnen verwehrt. Einzige Möglichkeit für den Betroffenen ist die Geltendmachung von Schadenersatz gegenüber dem verantwortlichen Rechtsträger über die Amtshaftung.

6. Rückstandsausweis

Rückstandsausweise sind kontenauszugsartige Aufstellungen über aushaftende Zahlungsverbindlichkeiten. Damit werden öffentlich-rechtlich begründete Zahlungsforderungen, die sich aus dem Gesetz oder aus bereits erlassenen Bescheiden ergeben, bekannt gemacht. Wenn diese Anzeigen mit einer **Vollstreckbarkeitsbestätigung** (Beurkundung) hinsichtlich ihrer formalen Rechtsrichtigkeit versehen sind, bilden sie einen Exekutionstitel (§ 3 Abs 2 VVG).

Grundsätzlich sind Geldleistungen gem § 3 Abs 1 VVG auf Veranlassung der Vollstreckungsbehörde durch die Gerichte nach der Exekutionsordnung einzutreiben. Im „Interesse der Raschheit und der Kostenersparnis" kann die Vollstreckungsbehörde selbst die Eintreibung nach der Abgabenexekutionsordnung vornehmen (Exekution im Verwaltungsweg = **politische Exekution**). Die in § 3 Abs 3 VVG genannten Anspruchsberechtigten (einschließlich natürliche Personen, juristische Personen sowie Bund, Länder und Gemeinden) können die Eintreibung unmittelbar beim Gericht beantragen. Sie haben damit die Wahl, ob sie die Eintreibung einer Geldleistung im Verwaltungsweg oder im Gerichtsweg vornehmen.

Rückstandsausweise sind keine Bescheide und nur insoweit Exekutionstitel für das gerichtliche und das verwaltungsbehördliche Vollstreckungsverfahren, als dies gesetzlich vorgesehen ist. Aufgrund der fehlenden normativen Kraft können sowohl der Rückstandsausweis als auch die Vollstreckbarkeitsbestätigung jederzeit zurückgenommen werden.

Um verfassungsrechtliche Bedenken gegen die Zulässigkeit der Rückstandsausweise auszuschalten, müssen sie entweder aufgrund eines – bekämpfbaren – Bescheides ergehen oder, sofern sie unmittelbar auf einem Gesetz oder einer Verordnung beruhen, die Behörde hat bei Einwendungen des Verpflichteten einen Bescheid zu erlassen.

Rückstandsausweise tauchen gehäuft in der Finanzverwaltung auf (§ 229 BAO, § 4 AbgEO, § 11 Abs 5 GehaltskassenG) oder in § 30 Abs 3 Krankenanstalten- und KuranstaltenG, § 64 ASVG. Zur Ausstellung von Rückstandsausweisen können durch das Gesetz auch Stellen berechtigt werden, die keine Verwaltungsaufgaben besorgen, wie öffentliche Krankenanstalten, Wassergenossenschaften (Privileg der Einbringung von Forderungen im Wege der „politischen Exekution", § 3 Abs 3 VVG). Mit der Berechtigung, Rückstandsausweise auszustellen, wird keine Beleihung vorgenommen.

Sechster Abschnitt: Privatwirtschaftsverwaltung

A. Grundlagen

Die staatliche Verwaltung kann nicht nur Hoheitsgewalt ausüben, sondern als **Träger von Privatrechten** auch solcherart tätig werden. Die volle Privatrechtsfähigkeit von Bund und Ländern folgt aus Art 17 B-VG, desgleichen für Gemeinden aus Art 116 Abs 2 B-VG.

Die Abgrenzung der hoheitlichen von der nicht-hoheitlichen Handlungsform erfolgt nach hL und Jud ausschließlich in formeller Hinsicht über die **verwendete Rechtssatzform**. Erlässt die Behörde einen Bescheid, so ist unzweifelhaft in Ausübung von *imperium* gehandelt worden, schließt sie einen Kaufvertrag, so liegt privatwirtschaftliches Handeln vor. Hingegen kommt es dabei nicht auf eine inhaltliche Qualifikation des Verwaltungshandelns, auf das Motiv oder den Zweck an. Entscheidend ist vielmehr, welche rechtstechnischen Mittel die Gesetzgebung zur Realisierung der zu erfüllenden Aufgaben bereitstellt. Ob eine Behörde eine Angelegenheit in hoheitlicher oder privatwirtschaftlicher Form vollzieht, liegt daher nicht in ihrem Ermessen, sondern richtet sich nach der anzuwendenden Vorschrift. Hoheitliches Handeln muss jedenfalls durch das Gesetz konstituiert werden. Liegt keine solche Konstituierung vor, ist nach der hL und Rsp **„im Zweifel" Privatwirtschaftsverwaltung** anzunehmen.

Klar ist die Sache, wenn im Gesetz ausdrücklich die Erledigung per Bescheid vorgesehen ist. Es ist allerdings nicht unbedingt erforderlich, dass der Begriff „Bescheid" verwendet wird, wenn die gesetzliche Bestimmung eindeutig zum Ausdruck bringt, dass die Behörde mit einseitig-normativen Akten vorgehen soll. Anders wird etwa im BundesvergabeG 2018 festgelegt, dass der Zuschlag durch Annahme des Angebots des Bieters ergeht und ein *Vertragsverhältnis* entsteht (§ 145 BVergG). Hier hat die Behörde unzweifelhaft privatwirtschaftlich vorzugehen.

B. Gegenstand und Gestaltungsmittel der Privatwirtschaftsverwaltung

Typischerweise umfasst die privatwirtschaftliche Tätigkeit des Staates folgende Verwaltungsaufgaben (wobei eine teilweise hoheitliche Vollziehung dieser Agenden nicht ausgeschlossen wird).

I. Fiskalverwaltung

Auch der Verwaltungsapparat selbst muss wiederum verwaltet werden; es müssen also die für eine reibungslose Verwaltungstätigkeit erforderlichen Sachmittel und die personellen Ressourcen zur Verfügung gestellt werden **(fiskalische Hilfsgeschäfte; Bedarfsdeckung)**. Dazu gehören etwa der Bau und die Erhaltung von Amtsgebäuden, der Kauf der Einrichtung, Schreibgeräte oder Computer, mit den Vertragsbediensteten müssen Dienstverträge abgeschlossen werden.

Zur Fiskalverwaltung zählen weiters die **Vermögensverwaltung**, deren Zweck es ist, das staatliche, bewegliche (Geldeinlagen oder Unternehmensbeteiligungen) und unbewegliche (Grundstücke, Zinshäuser, historische Gebäude) Finanzvermögen zu verwalten, sowie **erwerbswirtschaftliche Tätigkeiten**. Hierbei nimmt der Staat als Unternehmer am allgemeinen Wirtschaftsverkehr zur Erzielung von Einnahmen teil; zB wenn der Staat seine Gebäude zur Einnahmenerzielung vermietet oder verkauft (vgl dazu etwa auf Bundesebene das BundesimmobilienG).

II. Leistungsverwaltung und Daseinsvorsorge

Der größte Teil der Privatwirtschaftsverwaltung zählt zum Bereich der leistenden Verwaltung. Dieser Begriff umfasst die ganze Bandbreite von Verwaltungsaufgaben, die den modernen **Sozial- und Wohlfahrtsstaat** verwirklichen soll und der daher im Dienste der Verbesserung der Lebensmöglichkeiten der Bürger steht.

Hierzu zählen die Aufgaben der Sozialverwaltung (Unterstützung der sozial Schwachen, Verteilung der Sozialleistungen), Kulturverwaltung oder die Daseinsvorsorge. Zum letzteren Begriff gehört die Schaffung und Erhaltung notwendiger Infrastrukturen wie des Verkehrs-, Elektrizitäts- oder Gesundheitswesens.

III. Lenkungsverwaltung

Mit indirekten Wirtschaftslenkungsmaßnahmen nimmt der privatwirtschaftlich handelnde Staat Einfluss auf den Wirtschaftsablauf und Wirtschaftsprozess auf Betriebsebene. Ein erheblicher Teil der Lenkungsmaßnahmen wird hoheitlich vorgenommen, wie zB die Festsetzung und Einhebung der Steuern und Lohnnebenkosten. Traditionell privatwirtschaftlich werden **Förderungen bzw Subventionen** oder **Aufträge vergeben** und mittels dieser Anreize kann die Wirtschaft in gewisser Hinsicht gesteuert werden. Steht bei einer Lenkungsmaßnahme das Versorgungsmotiv (zB Subventionierung der Schaffung von Wohnraum) eindeutig im Vordergrund, so wird die Grenze von der Wirtschaftslenkungsmaßnahme zur leistenden Verwaltung wohl übersprungen. Die Aufgaben der beiden Verwaltungsbereiche überschneiden sich demnach teilweise und eine scharfe Abgrenzung ist nicht möglich.

Manche Subventionen und Unterstützungen werden *hoheitlich* – mit Bescheid – vergeben, sodass man nicht generell behaupten kann, dass die Subventionsverwaltung eine reine Angelegenheit der Privatwirtschaftsverwaltung ist (zB Vergabe von Stipendien gemäß den studienförderungsrechtlichen Normen). Doch meist handelt es sich bei der Vergabe um eine *einseitige rechtsgeschäftliche Erklärung*, va wenn es sich um die Bereiche der Wirtschafts-, Landwirtschafts- und Umweltförderung handelt. ZB erfolgt die Vergabe öffentlicher Aufträge mittels einer zivilrechtlichen Vereinbarung (die Kontrolle erfolgt hingegen hoheitlich; s unten V.1.).

IV. Nicht-hoheitliche Eingriffsverwaltung

Dazu zählen jene rechtlich selbständigen, außenwirksamen Verwaltungshandlungen, die privatwirtschaftlich ergehen, aber in engem Zusammenhang zur hoheitlichen polizeilichen Eingriffsverwaltung stehen. Entscheidend für diese Handlungen ist das Element der **„Gefahrenabwehr"**. Hierzu zählen zB die Förderung des Baus von Lärmschutzwänden oder Bachregulierungen oder die Erfüllung der Aufgaben der Bewährungshilfe durch einen ausgegliederten Verein.

V. Gestaltungsmittel

Zur Umsetzung der genannten Aufgaben stehen dem privatwirtschaftlich agierenden Staat unzählige Verhaltensweisen zur Verfügung. Bei genauerer Betrachtung stechen drei Typen von Handlungsformen, die allesamt bei der Bewältigung der Aufgaben der Fiskal-, Leistungs-, Lenkungs- und Eingriffsverwaltung Anwendung finden, heraus:

1. Vergabe öffentlicher Aufträge

Hat der Staat einen Bedarf an Sachgütern oder Leistungen größeren Ausmaßes, so vergibt er an den Bestbieter einen öffentlichen Auftrag. Dieser kann im Rahmen der Fiskalverwaltung (Errichtung eines Amtsgebäudes), der Leistungsverwaltung (Bau eines Kraftwerks), zu Lenkungszwecken (Vergabe nach volkswirtschaftlichen Gesichtspunkten zur Belebung der Wirtschaft in Krisenregionen) oder der Eingriffsverwaltung (Beauftragung eines Abschleppunternehmens) vergeben werden.

Um unsachlichen Entscheidungen bei der Vergabe vorzubeugen und den EU-Rechtsvorgaben zu entsprechen, wurden 1993 das BundesvergabeG (nunmehr BVergG 2018) und in der Folgezeit die Vergabegesetze der Länder erlassen. Zweck dieser Normen sind ein transparentes Auswahlverfahren von der öffentlichen Ausschreibung bis zur Zuschlagserteilung an den Bestbieter, die objektive Nachprüfbarkeit des Verfahrens und die Gewährung eines Rechtsschutzes für die übergangenen Bieter. Aufgrund der EU-Vorgaben war ein fairer grenzüberschreitender Wettbewerb bei der Vergabe öffentlicher Aufträge umzusetzen (Verbot der Diskriminierung von Bietern aus anderen Mitgliedstaaten).

Das B-VG enthält mit Art 14b eine eigene Kompetenzregelung für das öffentliche Auftragswesen. Die **Gesetzgebung** liegt – mit Ausnahme des Rechtsschutzes – beim Bund. Der Bund ist daher nicht nur für die Vergabe öffentlicher Aufträge des Bundes zuständig, sondern auch für diejenigen der Länder und der Gemeinden. Die Länder haben jedoch das Recht, an der Vorbereitung der Gesetze mitzuwirken. Die Durchführung der Vergabeverfahren **(Vollziehung)** ist zwischen Bund und Ländern geteilt. In Angelegenheiten der Nachprüfung (Rechtsschutz) ist die Gesetzgebungskompetenz geteilt; im Bundesbereich ist der Bund zuständig, bei Vergaben der Länder und Gemeinden sind die Länder zur Gesetzgebung und Vollziehung zuständig. Dementsprechend regelt das BVergG 2018 zwar das Vergabeverfahren einheitlich für Bund, Länder und Gemeinden. Allerdings ist dieses in Belangen des Rechtsschutzes nur auf öffentliche Aufträge des Bundes anwendbar, zumal der Rechtsschutz bei der Vergabe von Aufträgen durch die Länder und Gemeinden in den neun VergabeG der Länder geregelt wird.

Während sich die Vergabevorgänge im Außenverhältnis nach dem Zivilrecht bestimmen, ist zu beachten, dass der „Innenbereich" der Verwaltung allein vom öffentlichen Recht bestimmt ist (zB die Willensbildung innerhalb des Organs). Das heißt, dass die Vergabe der öffentlichen Aufträge mittels eines zivilrechtlichen Vertrags zwischen der öffentlichen Hand als Auftraggeber und dem ausgewählten privaten Wirtschaftsunternehmen als Auftragnehmer erfolgt (der Vorgang zählt zur Privatwirtschaftsverwaltung). Für die übergangenen Bieter gibt es in der Folge die Möglichkeit einer Beschwerde und die Erwirkung einer Überprüfung bei den zuständigen Verwaltungsgerichten, welche die privatrechtlichen Verträge – mittels Erkenntnisses – aufheben können.

2. Förderungsverwaltung (Subventionsvergabe)

Subventionen sind vermögenswerte Zuwendungen aus öffentlichen Mitteln, die einem Privaten gewährt werden, um ein im öffentlichen Interesse liegendes Verhalten zu setzen oder Projekte zu verwirklichen (zB Sport, Landwirtschaft, Forschung, Wohnbau, Film). Nur ausnahmsweise sieht ein Gesetz die Vergabe von Subventionen mittels Bescheids vor (Stipendien nach dem StudienförderungsG 1992).

Beispiel: Der Magistrat gewährt auswärts Studierenden einen Zuschuss zu ihrem Semesterticket für die Benützung der öffentlichen Verkehrsmittel sowie eine Umweltschutzförderung oder eine Förderung von Sanierungsmaßnahmen im Bereich der Innenstadt.

3. Führung öffentlicher Unternehmen

Die Verfassung bestimmt nicht, durch welche Organe die Gebietskörperschaften ihre nicht-hoheitlichen Agenden vollziehen lässt. Es steht ihnen frei, dafür ihre eigenen Organe, Eigenbetriebe, beherrschte ausgegliederte Rechtsträger und alle denkbaren Variationen „öffentlicher Unternehmen" heranzuziehen.

Öffentliche Unternehmen stehen im Eigentum der öffentlichen Hand. Unter diesen nicht ganz klar umrissenen Begriff fallen einerseits die juristischen Personen öffentlichen Rechts (etwa Körperschaften, Fonds, Anstalten) und andererseits die juristischen Personen privaten Rechts, die dem Staat zugeordnet werden (zB Kapitalgesellschaften, die zur Gänze oder mehrheitlich im Eigentum einer Gebietskörperschaft stehen).

ZB ist die Oesterreichische Nationalbank als Aktiengesellschaft eine juristische Person privaten Rechts und steht im 50-prozentigen Eigentum vom Bund. Die restlichen Anteile halten Banken und Versicherungen. Die ASFINAG ist für die Planung, Errichtung, Erhaltung und Finanzierung von Bundesstraßen zuständig und die Anteile an dieser AG stehen im Alleineigentum des Bundes (Eigengesellschaft). Der Österreichische Rundfunk bildete aufgrund des ORF-G aus dem Jahr 2001 eine Stiftung des öffentlichen Rechts mit dem Zweck, dem öffentlich-rechtlichen Auftrag des Rundfunks nachzukommen (Versorgung mit Hörfunk- und Fernsehprogrammen, Information der Allgemeinheit über alle gesellschaftlich relevanten Bereiche). Zur Sicherstellung der Besorgung von Betreuungsaufgaben des Straf- und Maßnahmenvollzugs nach dem StrafvollzugsG (zB medizinische und psychosoziale Betreuung von Strafgefangenen) sowie zur personellen Unterstützung der von den ordentlichen Gerichten wahrzunehmenden Aufgaben (zB Familiengerichtshilfe) wurde die Justizbetreuungsagentur errichtet, der der Status einer Anstalt des öffentlichen Rechts zukommt.

Die öffentlichen Unternehmen können den *unterschiedlichsten Zwecken* dienen: zB die Oesterreichische Nationalbank im Dienste der Lenkungsverwaltung oder der ORF mit seinem kulturellen Bildungsauftrag im Dienste der Leistungsverwaltung; zur Daseinsvorsorge gehören der Straßenbau, die Post oder die Telekommunikation.

Öffentliche Unternehmen unterstehen der *Kontrolle des Rechnungshofs*. Die Kontrolle umfasst nicht nur die „Vollziehung", sondern auch die Wahrnehmung öffentlicher Aufgaben durch juristische Personen privaten Rechts, welche unabhängig von einer staatlichen Beteiligung oder Dominanz nicht als Verwaltung gelten.

Das Gemeinschaftsrecht nimmt durch Art 106 AEUV Einfluss auf die Besorgung von Aufgaben durch öffentliche Unternehmen, indem es Maßnahmen untersagt, die dem Diskriminierungsverbot, den allgemeinen Wettbewerbsregeln oder dem Beihilfenverbot widersprechen. Es gibt zwar gewisse Ausnahmen zugunsten von Dienstleistungen von allgemeinem wirtschaftlichen Interesse, doch grundsätzlich soll der freie Wettbewerb und Handelsverkehr durch die öffentlichen Unternehmen möglichst nicht beeinträchtigt werden.

C. Geltung des Legalitätsprinzips

I. Geteilter Meinungsstand

Bei der Anwendung der genannten Gestaltungsmittel agiert das staatliche Organ meist aufgrund einer gesetzlichen Grundlage (zB das BundesvergabeG und die Vergabegesetze der Länder, BundessportförderungsG, WohnbauförderungsG). Welcher Natur diese Gesetze sind und ob das privatwirtschaftliche Handeln in derselben Weise durch einfache Gesetze determiniert sein muss wie die Hoheitsverwaltung, ist Gegenstand dieses Kapitels.

Die Geltung des Gesetzmäßigkeitsgrundsatzes in der privatwirtschaftlichen Verwaltung ist problematisch und heftig umstritten. Es geht um die Frage, ob die für die Privatpersonen bestehenden Bindungen durch das Privatrecht auch als Grundlage für die nicht-hoheitliche Tätigkeit der Verwaltungsbehörden ausreichen oder ob das Verfassungsrecht eine engere Bindung für das privatwirtschaftliche staatliche Handeln verlangt.

Die Dimension dieses Problems wird erst klar, wenn man berücksichtigt, dass der moderne Staat immer mehr Verwaltungsaufgaben privatwirtschaftlich vollzieht, va im Bereich der Förderungsverwaltung, bei der **Vergabe von öffentlichen Aufträgen** oder **beim Erbringen von Leistungen** – somit in Gebieten, in denen der Einzelne in hohem Maße von der staatlichen Vergabestelle abhängig ist und von einer Gleichrangigkeit der Partner wie im Privatrecht keine Rede ist. Der Staat ist in vielen dieser Fälle, wie zB bei der Vergabe geförderter Wohnungen, der einzige Anbieter am Markt und die Nachfrager befinden sich in einer mit der Hoheitsverwaltung vergleichbaren Abhängigkeit. Die Verneinung der Anwendung des Legalitätsprinzips hat aufgrund der damit verbundenen Vergrößerung des Spielraums der Verwaltung für den Einzelnen weitreichende Folgen.

Andererseits hat eine Gesetzesbindung bei **rein erwerbswirtschaftlichen Geschäften** des Staates wenig Sinn, etwa wenn Angelegenheiten nur der Gewinnerzielung dienen, wie die Führung eines Unternehmens, die Vermietung eines Gebäudes oder der (Ver-)Kauf von Grundstücken. Hier liegt juristisch eine Einordnung des Staates als Privatperson vor, als solcher er einem Geschäftspartner gleichberechtigt gegenübersteht. Die Anwendung des bürgerlichen Rechts reicht für die Abwicklung aus. Die Notwendigkeit einer eigenen gesetzlichen Grundlage für jeden dieser Akte wäre unsinnig und bürokratisch.

Vom gänzlichen Ausschluss der Anwendung des Legalitätsprinzips auf die Privatwirtschaftsverwaltung über eine verminderte Geltung (differenziertes Legalitätsprinzip) bis zur gleichartigen Bindung wie in der Hoheitsverwaltung, wurden alle Möglichkeiten vertreten. Die hM heute **verneint die Geltung des Legalitätsprinzips in der Privatwirtschaftsverwaltung**. Übereinstimmung herrscht allerdings darüber, dass die Privatwirtschaftsverwaltung an bestehende Gesetze, die aber nicht an den Anforderungen des Art 18 B-VG zu messen sind (spezifische Sondergesetze und allgemeine zivilrechtliche Regelungen), gebunden ist. Im Übrigen ist zu bedenken, dass die vorhin dargestellte Diskussion aufgrund der zunehmenden „Verrechtlichung" der nicht-hoheitlichen Verwaltungstätigkeit an Bedeutung verliert.

II. Gesetzliche Grundlagen der Privatwirtschaftsverwaltung

Außer den allgemeinen zivilrechtlichen Regelungen, denen der privatwirtschaftlich handelnde Staat unterworfen ist, gibt es zwei Typen von privatwirtschaftlichen Sondergesetzen.

1. Selbstbindungs- oder Statutargesetze

Diese Sondergesetze dürfen nur das Verhalten der mit Agenden der Privatwirtschaftsverwaltung betrauten Organe determinieren (im Innerverhältnis), aber keinerlei Regelung bezüglich der Rechtsposition dritter Personen vornehmen. Sie können somit den Normadressaten **keine subjektiven, unmittelbar durchsetzbaren Rechte** wie etwa den Erhalt einer Subvention bei Erfüllung bestimmter Voraussetzungen verleihen. In Wahrheit handelt es sich bei den Selbstbindungsgesetzen um generelle Weisungen für die Organe, die zwecks besserer Vorhersehbarkeit des Verwaltungshandelns für die Betroffenen wie die allgemeinen Gesetze kundgemacht wurden. Bei gesetzwidrigem Vorgehen des privatwirtschaftlich agierenden Organs wäre der Betroffene auf den Rechtsschutz durch die ordentlichen Gerichte angewiesen, die jedoch mangels subjektiver Rechte im Allgemeinen nur den Vertrauensschaden zusprechen.

Verfassungsrechtlicher Grund für die Erlassung dieser Sondergesetze bildet **Art 17 B-VG**, der Bund und Länder auf der Ebene der *Verwaltung von den Schranken der Kompetenzverteilung in Art 10 bis 15 B-VG befreit*. Dies bedeutet, dass die Gebietskörperschaften im fremden Kompetenzbereich Aufgaben besorgen dürfen, soweit dies in nicht-hoheitlicher Form geschieht. Für den *Gesetzgeber*, der das **„transkompetente" Handeln** determinieren möchte, gilt die Befreiung von der Kompetenzverteilung aber nicht. Dh, dass bei der Erlassung jedes Gesetzes – unabhängig davon, ob darin eine hoheitliche oder privatwirtschaftliche Vollziehung vorgesehen ist – das erlassende Organ die Zuständigkeit nach den Kompetenzartikeln haben muss. Die gesetzliche Grundlage für privatwirtschaftliche Vollziehung hat nun in den Fällen ein Selbstbindungsgesetz zu sein, in denen der Bund oder das Land nach der Kompetenzverteilung die Gesetzgebungskompetenz für diese Materie nicht haben.

2. Verwaltungsprivatrecht

Für den Fall, dass der Bund oder das Land über die Gesetzgebungskompetenz gem Art 10 bis 15 B-VG verfügen und eine privatwirtschaftliche Vollziehung wünschen, muss nicht auf ein Statutargesetz zurückgegriffen werden, sondern es kann ein *vollwertiges, außenwirksames Gesetz* erlassen werden. Hier können also unmittelbar vor den Gerichten **durchsetzbare Ansprüche** normiert werden. In den seltensten Fällen wird tatsächlich ein subjektiver Rechtsanspruch auf Leistungsgewährung eingeräumt (zB im VerbrechensopferG besteht ein subjektives Recht der Opfer auf Schadensgutmachung gegen den Bund). Meist werden erst demjenigen, der mit der Verwaltung bereits in eine Rechtsbeziehung eingetreten ist, gewisse subjektive Rechte, etwa auf Einhaltung bestimmter Vorgaben bei der Abwicklung, gewährt. Bei der Aufnahme der Rechtsbeziehung, also der Auswahlentscheidung durch die Verwaltung, sind jedoch keine direkten Ansprüche eingeräumt.

Beispiel: Das Land OÖ möchte die Gründung von privaten Vereinen, die sich der Altenpflege widmen, fördern; zu diesem Zweck soll der Landtag ein Gesetz mit der Regelung der Voraussetzungen für die Vergabe von Förderungen erlassen.

Nach der Kompetenzverteilung fällt diese Angelegenheit gem Art 10 Abs 1 Z 7 und Art 12 B-VG in die alleinige Zuständigkeit des Bundes. Aufgrund Art 17 B-VG gilt zwar die Kompetenzverteilung in der Privatwirtschaftsverwaltung auf der Vollziehungsstufe nicht und das Land darf daher solche Förderungen „transkompetent" vergeben. Doch für die Erlassung einer gesetzlichen Grundlage für die Vergabe müsste der Landtag nach den Kompetenzartikeln zuständig sein. Eine Gestaltung des Gesetzes als außenwirksame Verwaltungsprivatrechtsnorm wäre daher aufgrund der mangelnden Gesetzgebungskompetenz des Landes unzulässig. Sohin liegt die einzige verfassungskonforme Lösung in der Erlassung eines *Selbstbindungsgesetzes*, das den Vereinen keinerlei subjektive Durchsetzungsansprüche einräumen darf.

D. Rechtsschutz

I. Schutz durch die zivilen Gerichte

Das **öffentlich-rechtliche Rechtsschutzsystem** knüpft an die Formen der hoheitlichen Verwaltung an. In den Materiengesetzen, welche die Verwaltungsbehörden anzuwenden haben, sind subjektive durchsetzbare Rechte der Einzelnen vorgesehen. Erfüllt der Betroffene zB alle gesetzlichen Voraussetzungen für die Erteilung einer Baubewilligung, so hat er ein subjektives Recht auf Erteilung durch einen Baubewilligungsbescheid. Verweigert die Behörde die Erteilung rechtswidrigerweise, kann der Bescheidadressat zunächst über das Rechtsmittel der Beschwerde die Überprüfung des Bescheides durch das zuständige Verwaltungsgericht verlangen und dieses kann den rechtswidrigen Bescheid aufheben und ihn durch ein rechtmäßiges Erkenntnis ersetzen. Zuletzt gibt es noch die Kontrolle der Erkenntnisse der Verwaltungsgerichte durch die GHöffR, die mittels Revision/Beschwerde angerufen werden. Bei Untätigkeit der Behörden steht das Instrument der Säumnisbeschwerde beim zuständigen Verwaltungsgericht offen.

Im Vergleich dazu ist der Betroffene bei privatwirtschaftlichem Vorgehen der Behörde, soweit gesetzlich nicht anders geregelt, auf den Rechtsschutz durch die **zivilen Gerichte** angewiesen. Die zivilrechtlichen Regelungen sehen jedoch im Allgemeinen keine Sanktion bei Untätigkeit des staatlichen Vertragspartners und keinen materiellen Anspruch zB auf Zuerkennung einer Förderung oder Erbringung einer Verwaltungsleistung vor. Wenn entsprechende Rechtsvorschriften fehlen (oder lediglich Selbstbindungsgesetze vorhanden sind), kann der Staat nicht zum Abschluss von Verträgen gezwungen werden. Für den Staat geht mit der Wahl der privatwirtschaftlichen Handlungsform somit eine **verminderte Möglichkeit der Kontrolle** seiner Entscheidungen einher, die ihm eine größere Handlungsfreiheit zB bei der Vergabe von Subventionen an „befreundete" Unternehmen erlaubt. Die benachteiligten Bewerber können bei Gericht grundsätzlich nur den Vertrauensschaden ersetzt bekommen; eine Beseitigung von Rechtsakten kann in den meisten Fällen nicht erreicht werden (im BundesvergabeG wurde dieses Rechtsschutzdefizit beseitigt, indem hier der zivilrechtliche Vertrag mit dem „Bestbieter" überprüft und uU – hoheitlich mittels Erkenntnisses des zuständigen Verwaltungsgerichts – beseitigt werden kann).

Um diesen unbefriedigenden Zustand zu beseitigen oder abzubauen, setzten die Lehre und die Jud des OGH zunächst bei der **Anwendung des Gleichheitssatzes** für die gesamte staatliche Verwaltung – inklusive der Privatwirtschaftsverwaltung – an, soweit der Staat als Leistungsträger mit einer *rechtlichen oder faktischen Monopolstellung* dem Einzelnen gegenübertritt. Soweit lebenswichtige Güter und Leistungen betroffen sind, muss die Privatautonomie des Staates beschränkt werden und eine unsachliche Leistungsverweigerung ist gem § 879 ABGB sittenwidrig.

II. Fiskalgeltung der Grundrechte

Mittlerweile entwickelte sich aus diesem Ansatz die überwiegende Bejahung der **Bindung der Privatwirtschaftsverwaltung an die Grundrechte** (Fiskalgeltung der Grundrechte) bei sämtlichen Konstellationen, in denen sich der Staat aufgrund seiner spezifischen faktischen oder rechtlichen Stellung in einer – gegenüber dem potentiellen Vertragspartner – übermächtigen Position befindet.

Adressat der Grundrechtsbindung ist in erster Linie der Gesetzgeber, der auch bei Vorsehung einer privatwirtschaftlichen Vollziehung nur grundrechtskonforme Gesetze mit adäquaten Rechtschutzmöglichkeiten erlassen darf. Ausgeschlossen wird dadurch zB eine unsachliche Privilegierung des Staates oder die Schaffung von Freiräumen zur Willkür. Aufgrund der Bindung der Verwaltung an die bestehenden privatwirtschaftlichen Sondergesetze und an das allgemeine Zivilrecht wird die Geltung der Grundrechte primär durch diese Gesetze vermittelt *(mittelbare Fiskalgeltung)*.

Bei der Umsetzung der Grundrechtsgeltung wird nicht auf die verfassungsrechtlichen Quellen der Grundrechte zurückgegriffen, sondern auf die **im Privatrecht vorhandenen Schutzmechanismen**. Als zivilrechtliche Rechtsfolgen stehen insbes der *Kontrahierungszwang* bei unsachlicher Leistungsverweigerung, *wettbewerbsrechtliche Diskriminierungsverbote, Rechtsmissbrauchs- und Schikaneverbote* oder *schadenersatzrechtliche Instrumentarien* zur Verfügung.

Die **Jud des OGH** trägt ihrerseits einen wesentlichen Beitrag zur Verbesserung der Rechtsschutzmöglichkeiten der Einzelnen bei. Er vertritt die Auffassung, dass Gebietskörperschaften nur im öffentlichen Interesse handeln dürfen, und geht insbes unter dem Aspekt der faktischen Übermacht des Staates und der damit einhergehenden Möglichkeit der Fremdbestimmung von einer Fiskalgeltung der Grundrechte, insbes der Pflicht zur Sachlichkeit, aus. Der OGH begann daher, zum einen die generellen Verwaltungsakte der Privatwirtschaftsverwaltung (zB Allgemeine Geschäftsbedingungen, Förderungsrichtlinien) und zum anderen die individuellen privatrechtlichen Entscheidungen anhand des Sachlichkeitsgebotes zu überprüfen.

Beispiel: In einer Entscheidung aus dem Jahr 1990 sprach der OGH aus, dass es einer Gemeinde, die eine Badeanstalt an einem öffentlich zugänglichen See betreibt, verwehrt sei, Kunden eines bestimmten Surfbrettverleihers den Zutritt zum Bad zu verweigern. Sie verstößt dabei gegen die sie als Monopolistin treffende Abschlusspflicht und handelt sittenwidrig iSd § 1 UWG (sittenwidriger Monopolmissbrauch).

Weiteres Beispiel: Das Arbeitsmarktservice ist eine privatrechtlich agierende Körperschaft öffentlichen Rechts und darf somit als Teil der staatlichen Verwaltung nur aufgrund der Gesetze handeln. Dies hat zur Folge, dass das Arbeitsmarktservice bei Anwendung des StellenbesetzungsG auch das Sachlichkeitsgebot des Gleichheitssatzes zu beachten hat, wobei Verstöße gegen das Sachlichkeitsgebot zivilrechtliche Schadenersatzansprüche nach sich ziehen können.

Siebter Abschnitt: Schlichte Hoheitsverwaltung

Im Schrifttum werden die Akte der schlichten Hoheitsverwaltung vielfach als **„hoheitliche Realakte"** bezeichnet.

Unter diesen Begriff fallen **Handlungsformen von Verwaltungsorganen im Rahmen der Hoheitsverwaltung ohne normativen Charakter**. Es handelt sich also nicht um privatwirtschaftliches Handeln, sondern um Hoheitsverwaltung, wenn auch im konkreten Fall mangels Normativität kein hoheitlicher Akt gesetzt wird. In Bereichen der *staatlichen Aufsicht* (zB Banken, Versicherungen, Selbstverwaltung) taucht das schlicht-hoheitliche Handeln typischerweise auf. Es wird versucht, die Aufgaben bewusst unterhalb der Schwelle der Normativität (Beratung, Belehrung, Ermahnung) zu erfüllen. Für sich betrachtet sind diese Akte weder hoheitlich noch privatwirtschaftlich, also neutral. Nur durch den Kontext zur (normativen) Hoheitsverwaltung erhalten sie ihren typischen Charakter, der als „schlichte Hoheitsverwaltung" auf einen Begriff gebracht wird.

Beispiel: Die Arbeitsinspektion ist zur Beaufsichtigung der Einhaltung des gesetzlichen Schutzes der Arbeitnehmer (Gesundheit, spezielle Normen für Jugendliche, Frauen) bei ihrer beruflichen Tätigkeit berufen. Besichtigt nun der Arbeitsinspektor einen Betrieb und stellt er dabei keine Mängel oder geringe Mängel fest (die eine Aufforderung an den Arbeitgeber, den gesetzmäßigen Zustand herzustellen, zur Folge haben), so wird im Zuge dieser Aktion *keine hoheitliche Anordnung* getroffen. Es wird hier auf den Einsatz des *imperiums* zugunsten einer Einigung im Gespräch mit dem Arbeitgeber und einer unterstützenden, beratenden Tätigkeit verzichtet.

Dass es sich um Hoheitsverwaltung handelt, ist eindeutig zu bemerken, wenn der Arbeitgeber der Aufforderung zur Behebung von Mängeln nicht nachkommt. Der Arbeitsinspektor hat diesfalls Anzeige bei der BH zu erstatten und kann das Strafausmaß beantragen. Bei Gefahr für Gesundheit oder Leben der Arbeitnehmer – wenn also für die Anzeige und für ein Ermittlungsverfahren keine Zeit besteht – hat der Arbeitsinspektor selbst einen Bescheid (allenfalls zunächst nur in mündlicher Form) ohne vorangegangenes Ermittlungsverfahren zu erlassen, der als einstweilige Verfügung sofort vollstreckbar ist. Sollten Sofortmaßnahmen zur Gefahrenabwehr notwendig sein, ist der Arbeitsinspektor auch zur Setzung von Akten unmittelbarer Befehls- und Zwangsgewalt befugt.

Dieselbe Konstruktion enthält das BergG, wonach die Bergbehörden Arbeitgeber und Arbeitnehmer in Fragen der Unfallverhütung und des Gesundheitsschutzes aufzuklären und zu beraten haben. Für den Fall der Nichteinhaltung und bei akuter Gefährdung drohen hoheitliche Akte. Ein weiteres Beispiel ist das „Streifefahren" der Exekutivorgane nach dem SPG.

Allen Beispielen ist gemeinsam, dass die handelnden Organe über **hoheitliche Befugnisse** zur Erlassung von Bescheiden und zum Setzen von Maßnahmen verfügen, von ihrer Ausübung jedoch zunächst **keinen Gebrauch** machen. Erst wenn die Aufsichts- und Beratungstätigkeit nicht zielführend ist, kommt es zur Setzung von normativen Akten. Auch die *dem Hoheitsakt „vorgelagerten" Handlungen* zählen bereits zur Hoheitsverwaltung, weil sie in ihrem Kontext ergehen.

Achter Abschnitt: Öffentlich-rechtliche Rechte und Pflichten und Verwaltungsrechtsverhältnisse

A. Öffentlich-rechtliche Rechte und Pflichten

Aus dem objektiven öffentlichen Recht ergeben sich subjektive öffentliche Rechte und Pflichten für die Rechtsunterworfenen und für die Verwaltung. Die Grundlage für die Rechte und Pflichten kann gemeinschaftsrechtlicher, verfassungsrechtlicher oder einfachgesetzlicher Natur sein. In den einfachen Gesetzen sind die *verfahrensrechtlichen Rechte und Pflichten* den *materiellen Rechten und Pflichten* gegenüberzustellen. Die einzelne konkrete Berechtigung oder Verpflichtung ergibt sich häufig nicht schon aus dem Gesetz, sondern erst aus dem folgenden Bescheid.

I. Pflichten im Bereich der Verwaltung

1. Pflichten des Staates

Die Gebietskörperschaften haben einerseits öffentlich-rechtliche Pflichten, die von den Rechtsunterworfenen durchgesetzt werden können. So ist der Staat gesetzlich verpflichtet, seinen Beamten die Dienstbezüge auszuzahlen, soziale Leistungen wie die Familienbeihilfe oder das Arbeitslosengeld an die Berechtigten zu zahlen oder seiner Entscheidungspflicht über Anträge von Parteien und Rechtsmittel binnen sechs Monaten nachzukommen.

Andererseits gibt es eine Fülle von Verpflichtungen des Staates, auf deren Erfüllung der Einzelne *mangels subjektiver Rechte* keinen Anspruch hat. Dies betrifft zB die Errichtung von Schulen, Kindergärten oder Altenheimen, Naturschutz, Straßenbau oder der Gewährung der öffentlichen Sicherheit.

2. Pflichten der Rechtsunterworfenen

Eine Pflicht für den Einzelnen liegt vor, wenn das objektive Recht ein **Gebot oder Verbot in Bezug auf ein bestimmtes Verhalten** begründet. Das Verhalten kann in einem Tun, Unterlassen oder Dulden bestehen. Hierzu gehören zB Verhaltenspflichten im Straßenverkehr, die Duldung der Aufstellung von Straßenverkehrszeichen, Leistungspflichten im Abgabenrecht oder die Gehsteigreinigungspflicht.

Öffentliche Pflichten können sich unmittelbar aus dem **Gesetz** ergeben, wie etwa die Pflicht zur Rückgabe vom Kfz-Zulassungsschein und Kennzeichentafeln gem § 44 Abs 4 KFG. Andernfalls bedürfen die gesetzlichen Pflichten der Konkretisierung durch einen **Bescheid**. So entsteht die konkrete Leistungsverpflichtung zur Zahlung der Abgabenschuld erst mit dem entsprechenden Abgabenbescheid. Durchgesetzt werden die öffentlich-rechtlichen Pflichten der Rechtsunterworfenen meist durch die **Vollstreckung** des Leistungsinhaltes des Bescheides oder durch die Setzung von Akten unmittelbarer Befehls- und Zwangsgewalt (vorübergehende Abnahme der Fahrzeugschlüssel oder vorläufige Führerscheinabnahme gem §§ 38 Abs 2 und 39 Abs 1 FSG).

Die Pflichten sind grundsätzlich **persönlich**, wobei aber die Erfüllung durch einen Stellvertreter ebenfalls ausreicht (gem § 19 Abs 2 AVG genügt für die Verpflichtung des Erscheinens vor der Behörde die Entsendung eines Stellvertreters). Vereinzelt gibt es jedoch **höchstpersönliche** Pflichten, bei deren Erfüllung eine Vertretung ausgeschlossen ist. Das Wahlrecht gem Art 26 B-VG ist ausdrücklich persönlich auszuüben oder eine Arreststrafe kann nicht durch einen Stellvertreter verbüßt werden.

Es gibt allerdings verschiedentlich die Möglichkeit, eine **Verantwortlichkeit zu übertragen**. § 9 VStG sieht für juristische und natürliche Personen die Bestellung von – gegenüber der Verwaltungsstrafbehörde – verantwortlichen Beauftragten vor. Parallel dazu bietet § 39 Abs 1 GewO die Möglichkeit der Bestellung eines Geschäftsführers, welcher der Gewerbebehörde für die Einhaltung der gewerberechtlichen Vorschriften verantwortlich ist.

Den persönlichen Pflichten sind die **dinglichen** Pflichten gegenüberzustellen, die unabhängig von der Person des Eigentümers mit der Sache verbunden sind. Baubewilligungen oder gewerberechtliche Anlagenbewilligungen beziehen sich auf die Gebäude und die Person des Antragstellers ist in diesen Verfahren unerheblich. Dingliche Pflichten entstehen in diesem Zusammenhang zB bei baupolizeilichen Bescheiden oder bestimmten Nutzungsbeschränkungen der Anlage. Weitere Beispiele wären die Pflicht zur Reinigung des Gehsteiges, die jeden Eigentümer des Hauses trifft oder die sich aus der bescheidmäßigen Anordnung eines Wasserschutzgebietes ergebenden Nutzungsbeschränkungen einer Liegenschaft.

II. Rechte in der Verwaltung

Ein subjektives Recht ist ein durchsetzbares Recht zur Verfolgung eigener Interessen, von einem anderen ein bestimmtes Tun, Unterlassen oder Dulden zu fordern. Die subjektiven Rechte können sowohl privat- als auch öffentlich-rechtlich verankert sein. Die hier interessierenden öffentlichen Rechte des Einzelnen in der Hoheitsverwaltung müssen in den Materiengesetzen ausgewiesen werden. Demnach sind subjektive öffentliche Rechte die dem Einzelnen kraft öffentlichen Rechts verliehene Rechtsmacht, vom Staat zur Verfolgung seiner Interessen ein bestimmtes Verhalten zu verlangen.

1. Rechte der Gebietskörperschaften

Wenn die Gebietskörperschaften auf die Ausübung des *imperiums* verzichten und *als Träger von Privatrechten* agieren, können sie – wie die Rechtsunterworfenen – subjektive öffentliche Rechte geltend machen.

In der *Hoheitsverwaltung* korrespondiert zB die Abgabenverpflichtung der Rechtsunterworfenen mit dem Recht der Gebietskörperschaften auf Abgabeneinhebung. Oder der Staat verfügt durch die entsprechenden Strafrechtsnormen über ein Strafanspruchsmonopol.

Wenn die Ausübung der Kompetenzen durch die Gebietskörperschaften als deren öffentliche Rechte bezeichnet wird, so ist zu bedenken, dass die Kompetenzartikel den Staat zur Erfüllung der Aufgaben verpflichten und in Wahrheit öffentliche Pflichten vorliegen.

Ein echtes öffentliches Recht ist das verfassungsrechtlich gewährleistete *Selbstverwaltungsrecht*, das den Gemeinden ihre Autonomie gegenüber Bund und Ländern sichert.

2. Rechte der Rechtsunterworfenen

a. Persönliche und dingliche Rechte

Die Rechte können wie die Pflichten persönlich, höchstpersönlich oder dinglich sein. Die Gewerbeberechtigung gem § 38 Abs 1 GewO ist grundsätzlich ein *höchstpersönliches, unübertragbares Recht*, das mit dem Inhaber erlischt. Doch bezüglich des überlebenden Ehegatten sowie der Kinder gibt es eine Ausnahme, die diese berechtigt, die Gewerbeberechtigung weiterzuführen. Weiters kann zwar nicht die Berechtigung selbst, doch die Gewerbeausübung an einen Geschäftsführer oder Pächter abgegeben werden.

Dingliche Rechte sind zB der Baubewilligungsbescheid oder die Betriebsanlagengenehmigung, die an der „Sache" und nicht am Inhaber haften.

Grundlage von subjektiven öffentlichen Rechten kann eine generelle oder individuelle Norm sein wobei auch unmittelbar anwendbaren gemeinschaftsrechtliche Regelungen zu beachten sind.

b. Mitwirkungsrechte, Anspruchsrechte und Freiheitsrechte

Die klassische Unterscheidungsmethode teilt die subjektiven öffentlichen Rechte in Mitwirkungsrechte, Anspruchsrechte und Freiheitsrechte ein.

aa. **Mitwirkungsrechte** geben den Rechtsunterworfenen die Möglichkeit, an der Staatswillensbildung Anteil zu haben. Gemeint sind hier va die – verfassungsrechtlich abgesicherten – politischen Grundrechte wie das aktive und das passive Wahlrecht oder die Mitbestimmung in Form des Volksbegehrens bzw der Volksabstimmung.

bb. Die **Anspruchs**- oder **Forderungsrechte** verleihen dem Einzelnen die „Macht“, vom Staat ein Tätigwerden zu verlangen. Im Zentrum dieser Rechte steht der Anspruch auf eine materiell-rechtliche oder zumindest verfahrensrechtliche Reaktion des Staates auf Anträge der Rechtsunterworfenen im Geltungsbereich des AVG. So stellt der Einzelne zB einen Antrag auf Erteilung der Baubewilligung, auf Zuerkennung eines Stipendiums oder auf Erlangung der Staatsbürgerschaft. Diese Anträge müssen seitens der Behörde binnen einer bestimmten Frist entweder meritorisch – also in der Sache abweisend oder bewilligend – oder bei Unzulässigkeit zurückweisend behandelt werden. Die Reaktion des Staates liegt meist in der Erlassung eines Bescheides, kann aber auch in anderem Verwaltungshandeln bestehen.

Wenn im objektiven Recht nicht ausdrücklich von Rechten oder Ansprüchen die Rede ist, können sich Zweifel an der Existenz von Ansprüchen ergeben. Zu beachten ist, dass es gelegentlich zwar gesetzliche Pflichten des Staates wie das sicherheits- oder verwaltungspolizeiliche Handeln gibt, ein korrespondierender Anspruch der Einzelnen auf das Einschreiten der Polizei besteht jedoch nicht.

cc. Die dritte Gruppe der **Freiheitsrechte** umfasst die Rechte, die auf Unterlassung gesetzwidriger staatlicher Eingriffe gerichtet sind. Da öffentlich-rechtliche Verpflichtungen der Einzelnen nur aufgrund einer gesetzlichen Grundlage auferlegt werden dürfen, korrespondiert mit diesem Prinzip ein allgemeines Recht auf **Freiheit von nicht gesetzmäßiger Belastung**. Zu den Freiheitsrechten gehören großteils die Grundrechte im StGG, im B-VG, in der Grundrechtecharta und in der EMRK.

3. Durchsetzung der Rechte

a. Parteistellung im Verfahren

Entscheidend für das Vorhandensein von subjektiven materiellen Rechten ist die Möglichkeit ihrer Durchsetzung im Verwaltungsverfahren (mittels der **Parteistellung im Verfahren**). Das verwaltungsrechtliche Rechtsschutzsystem konzentriert sich auf die Teilnahme am Bescheidverfahren und auf die nachträgliche Bekämpfung von Hoheitsakten (Maßnahmen, Verordnungen). Außerhalb dieser Konstellationen ist die Möglichkeit der Durchsetzung subjektiver Rechte äußerst mangelhaft. Aus diesem Grund besteht die Tendenz, Verwaltungshandeln – sofern irgendwie möglich – als Bescheid einzustufen, um den Betroffenen den damit verbundenen Rechtsschutz zukommen zu lassen. Dies ist auch der Grund, warum die Frage der Parteistellung im Verwaltungsverfahren eine so zentrale Bedeutung einnimmt. Sämtliche Personen, die sich außerhalb dieses Begriffs bewegen, aber dennoch vom Verwaltungshandeln betroffen sind, haben kaum Chancen, ihre verletzten Rechte geltend zu machen und allenfalls durchzusetzen.

b. Begriff der Partei gem § 8 AVG

§ 8 AVG erklärt jene Personen zu **Parteien**, deren rechtliche Stellung durch das Ergebnis eines Verwaltungsverfahrens tangiert werden kann, deren Rechtsstellung also von diesem Verfahren abhängig ist. Dies kann sich insbes aus folgenden Konstellationen ergeben:

- Personen, auf die sich die Tätigkeit der Behörde in einer ihre Rechte oder rechtlichen Interessen berührenden Weise bezieht, kommt Parteistellung zu. Diese Personen sind befugt, ihr Recht auf Freiheit von gesetzlich nicht begründeten Belastungen geltend zu machen oder die ihnen zustehenden Forderungsrechte geltend zu machen.

- Personen, die eine Tätigkeit der Behörde in Anspruch nehmen, machen mit ihrem Anbringen das verfahrensrechtliche Recht auf eine Sachentscheidung der Behörde und gleichzeitig einen materiell-rechtlichen Anspruch geltend. Diesen Personen kommt in dem durch ihren Antrag ausgelösten Verwaltungsverfahren Parteistellung zu.

Zusätzlich zu der Hauptpartei kann es gem § 8 AVG auch noch **Dritte** als **mitbeteiligte Parteien** im Verwaltungsverfahren geben. Diese Konstellation ergibt sich insbes dann, wenn Dritte durch ein Verwaltungsverfahren, welches sich primär an andere Personen richtet, in ihren Rechten berührt werden (zB soll einem Dritten auf Antrag der Hauptpartei eine Duldungspflicht auferlegt werden) oder die rechtlich geschützten Interessen von Dritten durch die gegen die Hauptpartei ergehende Entscheidung tangiert werden.

c. Rechte der Partei

Jene Personen, die **von einem Verfahren zur Erlassung eines Bescheids in ihren subjektiven Rechten oder Pflichten betroffen** sind, nehmen als Partei am Verfahren teil. Verfügt jemand über Parteistellung, so ermöglicht ihm diese Rechtsposition die Geltendmachung eines Bündels *verfahrensrechtlicher Rechte zur Durchsetzung oder zum Schutz von materiellen Rechten*. Die materiellen Rechte ergeben sich aus den einzelnen anwendbaren Verwaltungsvorschriften, wobei die zu Parteien erklärten Personen diese Rechte mit Hilfe von prozessualen Rechten durchsetzen können. Die Parteistellung stellt damit die prozessuale Seite der subjektiven Rechte dar.

> Parteien eines Verwaltungsverfahrens können zB im Verfahren Einwendungen erheben; sie haben Akteneinsicht und Anspruch auf Zustellung des abschließenden Bescheides; Parteien können den ergangenen Bescheid beim Verwaltungsgericht und dessen Erkenntnis anschließend bei den GHÖffR bekämpfen.

B. Verwaltungsrechtsverhältnisse

I. Verhältnis von Rechten und Pflichten

Verleiht das objektive Recht einer Person ein subjektives Recht, steht diesem Recht häufig die Pflicht eines anderen gegenüber. Dadurch entsteht zwischen den beiden Personen – dem Berechtigten und dem Verpflichteten – ein Rechtsverhältnis. So korrespondiert das Recht eines Beamten auf den Bezug seines Gehalts die staatliche Verpflichtung zur Auszahlung der Gehälter.

Demnach lässt sich das Rechtsverhältnis als die **rechtliche Beziehung zwischen zwei oder mehreren Personen, kraft deren jede beteiligte Person der anderen gegenüber zu etwas berechtigt oder verpflichtet ist**, definieren.

Mit Hilfe dieser Formulierung lassen sich die Rechtsverhältnisse von bloß *„isolierten" Rechten oder Pflichten* abgrenzen. So begründen die Grundrechte zunächst kein Rechtsverhältnis (die Unverletzlichkeit des Eigentums gem Art 5 StGG bewirkt kein Rechtsverhältnis mit „jedermann", den die Verpflichtung treffen würde, Eingriffe zu unterlassen). Erst mit einem konkreten Eingriff entsteht das Verwaltungsrechtsverhältnis.

Durch ein Rechtsverhältnis können nicht nur natürliche Personen, sondern auch juristische Personen, insbes Gebietskörperschaften, berechtigt oder verpflichtet werden. Verwaltungsrechtsverhältnisse bestehen entweder zwischen **einem Rechtsträger und einem Rechtsunterworfenen** (Antrag auf Erteilung einer Baubewilligung führt bei Erfüllung der gesetzlichen Voraussetzungen zur Erteilung durch die Baubehörde) oder zwischen **zwei Rechtsträgern** (auf Basis einer Vereinbarung gem Art 15a B-VG).

Raschauer zählt zu den Verwaltungsrechtsverhältnissen auch die Rechtsverhältnisse zwischen zwei Rechtsunterworfenen, die im öffentlichen Recht wurzeln (zB in § 111 Abs 3 WRG).

II. Entstehung von Verwaltungsrechtsverhältnissen

Sind die Rechte und Pflichten zwischen dem Rechtsträger und dem Rechtsunterworfenen im öffentlichen Recht begründet, spricht man von **öffentlich-rechtlichen Rechtsverhältnissen** oder **Verwaltungsrechtsverhältnissen**.

Ein Verwaltungsrechtsverhältnis kann unmittelbar aufgrund einer **generellen Norm** ohne weiteren **individuellen Verwaltungsakt** entstehen; zB sind Studenten unmittelbar aufgrund des Gesetzes Mitglieder der Hochschülerschaft oder Rechtsanwälte ab ihrer Eintragung automatisch Mitglieder der Rechtsanwaltskammer.

Hält sich die generelle Norm allgemeiner, so bedarf es zur Entstehung des Rechtsverhältnisses eines konkretisierenden Bescheides. Weiters kann der Entstehungsgrund in einer Parteierklärung (§ 16 ASVG) oder in einem Realakt des Rechtsunterworfenen (Inanspruchnahme einer Leistung in einem Krankenhaus) liegen. In sämtlichen Fällen ist zu beachten, dass es aufgrund des Legalitätsprinzips jedenfalls einer gesetzlichen Grundlage bedarf.

Durch *Verwaltungsverträge* werden Rechtsverhältnisse nicht begründet, sondern nur gestaltet.

Die Rechtsverhältnisse können im materiellen Recht oder im Verfahrensrecht wurzeln und demnach lassen sich *materiell-rechtliche und verfahrensrechtliche Rechtsverhältnisse* unterscheiden.

Beispiele: Die abgabenrechtliche Verpflichtung des Einzelnen begründet ein materiell-rechtliches Rechtsverhältnis des Leistungspflichtigen mit der Behörde (Gebietskörperschaft).

Das Recht auf Erteilung einer Baubewilligung bei Erfüllung der gesetzlichen Voraussetzungen und die entsprechende Verpflichtung der Behörde zur Erlassung eines positiven Bescheides ergeben sich aus dem *materiellen Recht*; macht der Einzelne dieses Recht mittels eines geeigneten Antrages geltend, so wird die Behörde binnen einer Frist von sechs Monaten entscheidungspflichtig und es entsteht das *Verfahrensrechtsverhältnis*. Beendet wird dieses wieder grundsätzlich durch die bescheidmäßige Erledigung.

Viele der Verwaltungsrechtsverhältnisse sind nicht bereits mit einer einmaligen Handlung erledigt, sondern sie beinhalten dauerhafte, wiederkehrende Verpflichtungen. Solche *Dauerrechtsverhältnisse* sind zB Sozialversicherungsverhältnisse oder Abgabenschuldverhältnisse.

Neunter Abschnitt: Das öffentliche Vermögensrecht

A. Öffentliche Sachen

Öffentliche Sachen sind Sachen, die im **Eigentum eines Rechtsträgers der Verwaltung** stehen und die **öffentlichen Zwecken** dienen.

Da auf die Erstellung eines eigenen öffentlich-rechtlichen Sachbegriffs und Sachenrechtes verzichtet wurde, finden die Regelungen des ABGB (§§ 286, 290) Anwendung. Das Eigentum des Rechtsträgers an den öffentlichen Sachen ist somit **privatrechtlicher Natur** und das ABGB regelt den Erwerb, die Erhaltung und die Übertragung der Sachen.

Die spezifische Bedeutung der öffentlichen Sachen ergibt sich aus ihrer Zweckwidmung aufgrund öffentlich-rechtlicher Sonderregelungen. Es gibt kein staatliches Unternehmen ohne öffentliche Zweckwidmung, da ein „Privatvermögen" des Staates ausgeschlossen ist. Demnach lassen sich folgende Typen unterscheiden:

I. Finanzvermögen

Die zum Finanzvermögen gehörigen öffentlichen Sachen dienen der Erzielung wirtschaftlicher Erträge und der Wahrung des staatlichen Vermögens. Man spricht hier von Staatsvermögen im engeren Sinn gem § 287 ABGB: eigenwirtschaftliche Unternehmen, Anteilsrechte an Kapitalgesellschaften oder Wertpapieren oder in staatlichem Eigentum stehende Gebäude (Museen, Gemeindewohnungen).

Die notwendigen Verfügungen zur Begründung und Erhaltung des Finanzvermögens richten sich überwiegend nach den Vorgaben des Privatrechtes. Hinzu tritt die Anwendung öffentlich-rechtlicher Regelungen wie zB zur Zuständigkeit, zu haushaltsrechtlichen Vorschriften oder zur Rechnungs- und Gebarungskontrolle.

II. Verwaltungsvermögen

Zum Verwaltungsvermögen gehören Sachen, die der Verwaltung als sachliches Substrat bei ihrer Amtstätigkeit (Amtsgebäude mit ihrem Inventar) zur Verfügung stehen oder die der Wahrnehmung öffentlicher Aufgaben dienen (Straßenverkehrszeichen).

Auch bei der Verfügung über das Verwaltungsvermögen unterliegt der Staat den privatrechtlichen Regelungen. Eine Besonderheit ergibt sich im Exekutionsrecht, da gem § 15 EO das Verwaltungsvermögen nicht in Exekution gezogen werden darf, wenn dadurch die öffentliche Zweckwidmung beeinträchtigt wird.

III. Das öffentliche Gut

Die öffentliche Zweckwidmung kann die Nutzung der öffentlichen Sache durch die Allgemeinheit vorsehen (**Gemeingebrauch** gem § 287 ABGB); zB öffentliche Straßen, Gewässer und sonstige öffentliche Flächen wie Parkanlagen. Der Gemeingebrauch ist ein widmungsgemäßes Nutzungsrecht für jedermann, das durch Gesetz oder Verordnung begründet wird. So wird in § 8 Abs 1 WRG der Gemeingebrauch an öffentlichen Gewässern statuiert, in § 28 BStG an den aufgezählten Straßen und in § 33 ForstG am Wald zu Erholungszwecken. Diese öffentliche Zweckwidmung verdrängt die Anwendbarkeit zivilrechtlicher Regelungen hinsichtlich der Eigentumsfreiheitsansprüche.

Weiters sind privatrechtliche staatliche Verfügungen über das öffentliche Gut nur insoweit zulässig, als der Gemeingebrauch nicht beeinträchtigt wird. Bewilligungen oder staatliche Verhaltensweisen, die über die gemeingebräuchliche Nutzung hinausgehen, dürfen nur unter Abwägung mit dem öffentlichen Interesse erteilt bzw gesetzt werden.

Inhalt und Umfang des Gemeingebrauchs am öffentlichen Gut müssen durch das Gesetz umschrieben werden. Allgemein ist der Gemeingebrauch stets durch die Zweckwidmung und die Gemeinverträglichkeit begrenzt. Ist für eine bestimmte Nutzung die Erteilung einer Bewilligung notwendig, so gehört sie nicht zum Gemeingebrauch. Der Gemeingebrauch der öffentlichen Straßen wird meist unter der Heranziehung der StVO determiniert. Demnach ist die Benützung der Straße im Rahmen dieser Regelungen und, soweit man dagegen nicht verstößt, zulässig. Eine detaillierte Beschreibung des Gemeingebrauchs an öffentlichen Gewässern findet sich zB in § 8 WRG.

Für den Gemeingebrauch ist das Nutzungsrecht für alle im **gleichen Umfang** charakteristisch. Besteht ein Nutzungsrecht, das über den Gemeingebrauch in quantitativer oder qualitativer Hinsicht hinausgeht, so liegt eine **Sondernutzung** vor. Während zB eine geringfügige Schotterentnahme aus öffentlichen Gewässern gem § 5 Abs 1 WRG noch gemeinverträglich ist, sprengt die Entnahme in Form einer industriellen Gewinnung diesen Rahmen. Auch diese Entnahme ist widmungsgemäß, bedarf aber einer gesonderten hoheitlichen Bewilligung (oder in anderen Fällen eines privatrechtlichen Vertrages).

Das Gebrauchsrecht besteht nur so lange, als es nicht geändert oder aufgehoben wird. Die Sperre einer öffentlichen Straße bewirkt das Ende des allgemeinen Nutzungsrechtes. Ein subjektives Recht auf Aufrechterhaltung des Gemeingebrauchs besteht daher nicht.

Zu beachten ist, dass auch an privaten Sachen durch privaten Widmungsakt oder durch Gesetz bzw Verwaltungsakt – zB öffentlicher Weg auf einem Privatgrund oder der öffentliche Zugang im Wald – Gemeingebrauch begründet werden kann. Dies bedeutet *einen öffentlich-rechtlichen Eingriff in Privateigentum*. Die privaten Sachen zählen jedoch nicht zum öffentlichen Gut, da hierfür die Eigenschaft als öffentliche Sache Voraussetzung ist und somit der Eigentümer ein Verwaltungsträger sein muss.

B. Vermögensrechtliche Ansprüche

Vermögensrechtliche Ansprüche sind **auf Geldleistung oder auf geldwerte Leistungen** (zB die Herausgabe beschlagnahmter Sachen) gerichtete Ansprüche.

Vermögensrechtliche Ansprüche gegen Gebietskörperschaften entstehen entweder im reinen Privatrechtsverkehr zwischen Rechtsunterworfenem und dem Staat als Träger von privaten Rechten und Pflichten oder im öffentlich-rechtlichen Bereich, in dem sie sich auf ein Gesetz oder einen Bescheid begründen. Im ersteren Fall sind im Streitfall die ordentlichen Gerichte bezüglich vertraglicher Ansprüche oder gesetzlicher Ansprüche (wie Schadenersatz) nach dem ABGB zuständig.

I. Vermögensrechtliche Ansprüche gegen die Gebietskörperschaften

Dem Einzelnen steht bei Bestehen eines vermögensrechtlichen Anspruchs gegen den Bund, die Länder, Gemeinden und Gemeindeverbände die *Klage beim VfGH gem Art 137 B-VG* zu, soweit über den umstrittenen Anspruch nicht ein ordentliches Gericht oder eine Verwaltungsbehörde mit Bescheid zuständig ist. Hier können als klassisches Beispiel die Beamten ihre Gehalts-, Gebühren- und Pensionsansprüche gegenüber dem Staat geltend machen, soweit es nur mehr um die Liquidierung dieser Ansprüche geht (Liquidierungsklagen). Aber auch etwa die Rückforderung der für das Abschleppen eines KFZ nach der StVO bezahlten Kosten kann auf diese Weise geltend gemacht werden.

1. Restitutionsansprüche

Es können Restitutionsansprüche wie zB die Zurückgabe einer zu Unrecht beschlagnahmten oder enteigneten Sache oder die Rücküberweisung einer zu viel bezahlten Abgabenschuld an das Finanzamt durchgesetzt werden. Häufig entstehen die Restitutionsansprüche im Zuge der Verpflichtung der Behörde, im Fall einer höchstgerichtlichen Bescheidbehebung den der Rechtsanschauung des Gerichts entsprechenden Rechtszustand herzustellen (Folgenbeseitigungsanspruch); zB Rückzahlung einer Geldstrafe nach Aufhebung des Straferkenntnisses.

Kann die beschlagnahmte Sache nicht mehr herausgegeben werden, weil sie zwischenzeitlich verwertet wurde, so steht ein Anspruch auf Wertersatz zu (Erstattungsanspruch).

2. Entschädigung

Entschädigungsansprüche gegen Gebietskörperschaften im Rahmen der Hoheitsverwaltung stehen je nach gesetzlicher Grundlage wegen – rechtmäßiger – Rechtseingriffe zu. Häufigster Anwendungsfall sind die bei Enteignungen vorgesehenen Entschädigungsregelungen wie zB § 18 Abs 1 BStG, dass dem Enteigneten die Schadloshaltung für alle durch die Enteignung verursachten vermögensrechtlichen Nachteile zusichert.

3. Schadenersatz

Schäden, die mit Hilfe der bisher erwähnten Ansprüche nicht durchgesetzt werden können, fallen eventuell unter schadenersatzrechtliche Forderungsrechte. Voraussetzung sind im zivilrechtlichen Sinn das Vorliegen eines Schadens und ein rechtswidriges und schuldhaftes Handeln der Organe.

Art 23 B-VG sieht vor, dass die Gebietskörperschaften für den Schaden, den ihre Organe in Vollziehung der Gesetze rechtswidrig und schuldhaft zufügten, haften. Die Haftung richtet sich nach den Regeln des ABGB und der Schaden ist nur in Geld zu ersetzen.

II. Vermögensrechtliche Ansprüche von Gebietskörperschaften

Einseitige vermögensrechtliche Verpflichtungen des Einzelnen bzw von Gebietskörperschaften gegenüber anderen Gebietskörperschaften finden sich hauptsächlich im **Finanz- und Abgabenrecht**. So werden hier ua die finanziellen Ansprüche und Pflichten der Gebietskörperschaften nach dem Finanzausgleichsgesetz und die abgabenrechtlichen Verpflichtungen der Einzelnen festgelegt.

Ein weiteres Beispiel ist das **sozialversicherungsrechtliche** Schuldverhältnis. Die Sozialversicherung ist eine gesetzliche Pflichtversicherung und wird nicht durch Vertrag begründet. Während im Abgabenrecht die einseitige Zahlungspflicht der Einzelnen ohne entsprechend staatliche Gegenleistung im Vordergrund steht, dominiert hier der Grundsatz des Leistungsaustausches nach dem Versicherungsprinzip. Die Versicherten bilden eine Risikogemeinschaft, die regelmäßige Beiträge einzahlen und im Leistungsfall von der Versicherung begünstigt werden.

Stichwortverzeichnis